图解电动汽车
结构·原理·维修

曹砚奎　主编

机械工业出版社
CHINA MACHINE PRESS

《图解电动汽车结构·原理·维修》用通俗易懂的语言对电动汽车整车控制系统、动力源、驱动系统、充电系统、转向系统、空调系统、制动系统的原理和维修等内容进行了模块化分解阐述，将电动汽车复杂的技术问题图形化、简单化，使读者更容易地学习电动汽车的技术知识、轻松地扩大知识面和视野。本书适合大中专院校学生、教师，以及广大电动汽车车主和维修人员阅读。

图书在版编目（CIP）数据

图解电动汽车结构·原理·维修/曹砚奎主编．—北京：机械工业出版社，2019.10

ISBN 978-7-111-63453-9

Ⅰ.①图…　Ⅱ.①曹…　Ⅲ.①电动汽车 – 构造 – 图解②电动汽车 – 车辆修理 – 图解　Ⅳ.① U469.72-64

中国版本图书馆 CIP 数据核字（2019）第 177880 号

机械工业出版社（北京市百万庄大街 22 号　邮政编码 100037）

策划编辑：何士娟　责任编辑：何士娟

责任校对：肖　琳　责任印制：张　博

北京铭成印刷有限公司印刷

2020 年 1 月第 1 版第 1 次印刷

184mm×260mm · 12.5 印张 · 307 千字

0 001—1 900 册

标准书号：ISBN 978-7-111-63453-9

定价：69.80 元

电话服务　　　　　　　　　网络服务

客服电话：010-88361066　机　工　官　网：www.cmpbook.com

　　　　　010-88379833　机　工　官　博：weibo.com/cmp1952

　　　　　010-68326294　金　书　网：www.golden-book.com

封底无防伪标均为盗版　机工教育服务网：www.cmpedu.com

前　　言

随着我国汽车保有量的增长，能源安全和环境空气污染问题日益突显，使我国对电动汽车快速发展的需求更为迫切。中国工程院院士陈清泉在 2016 年第四届汽车与环境创新论坛上发表演讲时指出，中国有望在未来十年左右成为电动汽车强国。汽车行业将发生巨大变化——汽车能源动力总成的革命，这也为我国汽车行业的发展提供了契机。本书正是在这一背景下酝酿而出的。本书采用通俗易懂的语言对电动汽车整车控制系统、动力源、驱动系统、充电系统、转向系统、空调系统、制动系统的原理和维修等内容进行了模块化和图形化分解阐述，使读者更容易地学习电动汽车的技术知识、轻松地扩大知识面和视野。

本书由曹砚奎担任主编。其中模块一由曹砚奎、王超、杨传帅、李静等编写；模块二由孙义敏、司淑娟、刘勇、李玲慧等编写；模块三由曹砚奎、王潇涵、李姿怡、蒋丽双编写；模块四由栾庆宇、牛桂秋、王芳、秦玉叶编写；模块五由刘学敏、朱青博、郑薇萍、杨逍逍编写。全书由曹砚奎统稿和定稿。

本书编写得到了北京运华科技发展有限公司的沈有福、闫力、李娟、龙红彦、房照兴等工程师的技术支持，在此对他们表示衷心的感谢！

由于编者能力所限，书中不妥之处在所难免，衷心希望广大读者批评指正。

编　者

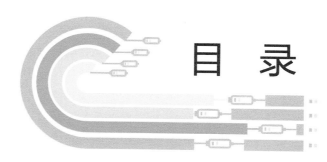

目 录

模块二　动力蓄电池

模块三　电驱动系统

模块四　其他系统

第 9 章　充电系统 ……………………………………………… 80

模块五 故障检测与维修

模块一

电动汽车与整车控制器

1.1　汽车与电动汽车

汽车是具有三个或四个以上车轮、能独立依靠自身动力驱动、在陆地行驶的非轨道运载交通工具。电动汽车是全部或部分由电能作为动力驱动系统的汽车。电动汽车的发明比汽油机驱动的汽车早了半个世纪，早在 1834 年，苏格兰人德文波特（T.Davenport）就制造了一辆电动三轮车，如图 1-1 所示。

图 1-1　最早的电动汽车

1.1.1　电动汽车的分类

最常见的分类方法是把电动汽车分为储能电池电动汽车（Battery Powered Electric Vehicle，BEV，也称纯电动汽车）、燃料电池电动汽车（Fuel Cell Electric Vehicle，FCEV）和混合动力电动汽车（Hybrid Electric Vehicle，HEV）三类，分别如图 1-2a、b、c 所示。

a）纯电动汽车

b）燃料电池电动汽车

c）混合动力电动汽车

图 1-2　电动汽车的分类

目前纯电动汽车和油电混合动力电动汽车的发展较为活跃，尤其是能够接入电网补充电能的插电式混合动力电动汽车（Plug-in Hybird Electric Vehicle，PHEV）。本书将主要讨论纯电动汽车，除特别说明外，本书所称的电动汽车特指纯电动汽车。

1.1.2　电动汽车的结构组成

电动汽车是完全由可充电蓄电池（如铅酸蓄电池、镍镉蓄电池、镍氢蓄电池或锂离子蓄电池）提供动力源的汽车。电动汽车由底盘、车身、动力蓄电池系统、电机驱动系统、（整车）电控系统和辅助设施六部分组成，如图 1-3 所示。

因为驱动电机具有良好的牵引特性，所以电动汽车一般不设置燃油汽车那样复杂的离合器和变速机构。车速控制由控制器通过电机驱动系统改变电机的转速实现。

图 1-3　电动汽车的组成

1.2　电动汽车与燃油汽车的主要区别

1.2.1　使用上的区别

　　驾驶电动汽车时与燃油汽车的区别是，在驾驶前只需接通上电开关（相当于燃油汽车的点火开关），等几秒钟系统检测完毕后仪表上的"READY"灯点亮（图 1-4），将档位挂入前进或后退档位，踩下加速踏板即可驱动车辆行驶，省去了操作起动机和操作离合器的动作环节。

1.2.2　主要零部件的区别

图 1-4　仪表 READY 灯

　　电动汽车与燃油汽车在零部件结构上的区别较大，主要零部件区别有以下六项。

　　1. 低压供电装置

　　电动汽车没有发电机，需要新增部件高低压变换器（图 1-5）为整车低压系统供电并为12V 小蓄电池充电。高低压变换器的作用就是将动力蓄电池输出的高压直流电转换为可供小蓄电池充电和整车低压系统用电设备使用的 12V 低压直流电。智能化的高低压直流变换器可以同时对整车低压系统的用电量进行监控：当整车用电器所需电量大时，DC/DC 变化器进行大功率转换；当整

图 1-5　高低压变换器（DC/DC 变换器）

车用电器所需电量少时，DC/DC 变换器进行小功率转换。这样智能化的功率变换可以防止定功率变换所造成的电量不够或电量浪费。

　　2. 能量补充装置

　　纯电动汽车的能量补充可采用两种方式：一种是通过交流充电桩和车载充电机进行小倍率慢充；另一种是通过直流充电桩对动力蓄电池进行大倍率快充。慢充需要将车载充电机的输入电缆接入家用 220V 交流电插座或交流充电桩，将 220V 的交流电转换为与动力蓄电池电压值一致的直流高压电，这种慢充方式的充电时间一般为 6~10h。快充方式充电电流经充电线缆直接从直流充电桩到动力蓄电池，中间不再经过其他部件。以充电倍率为2C~3C（1C 就是以 1h 充满动力蓄电池所需要的电流）的速度进行充电，一般情况下要求30min 内充满动力蓄电池的 80%。目前在电动汽车的推广城市和部分高速公路服务区内都有电动汽车专用的充电站，充电站内多数配置的是直流充电桩。为避免大电流为电动汽车集中充电时引起电网的电压波动，直流充电桩需配备储能动力蓄电池组——多使用从电动汽车上替换下来的、容量不足80% 的动力蓄电池，经修复、组合后进行二次动力蓄电池利用。直流充电桩如图 1-6 所示。

图 1-6　直流充电桩

3. 动力源

电动汽车取消了发动机这个作为燃油汽车的核心部件，依靠直流或交流电机将电能转换为机械能来驱动车轮前进。因为没有了发动机，原本由发动机直接机械驱动的发电机、空调压缩机、助力转向油泵等部件需要相应地改由电驱动。电动汽车的核心在于整车所有部件的能量都来自于电能，电能全部由动力蓄电池提供。动力蓄电池的作用是充电时储存电能，运行时为整车所有用电器提供电能。目前电动汽车使用的动力蓄电池主要有镍氢动力蓄电池、钴锰酸锂动力蓄电池、磷酸铁锂动力蓄电池和三元锂动力蓄电池等，主要布置安装在地板下面和行李舱内，如图 1-7 所示。为了实现正常的电能使用和延长动力蓄电池的使用寿命，动力蓄电池装有电池管理系统（BMS）监控动力蓄电池内部各电池组的电压、电流和温度等电池工作状态的信息参数。BMS 通过这些参数来判定目前的电池状态，同时将这些参数通过 CAN 总线发送给整车控制器。

4. 驱动系统

电机驱动系统包括驱动电机和电机控制器等部件，如图 1-8 所示。燃油汽车的动力源是发动机，电动汽车的动力源是驱动电机。驱动电机的作用是在驱动电机控制器的控制下，在汽车行驶时将电能转化为机械能驱动车辆行驶，在汽车制动时将机械能转化为电能进行部分能量回收。目前电动汽车使用较多的是交流异步电机和永磁同步电机，工作电压多为 DC 144~600V。一般驱动电机的电压等级与动力蓄电池的电压相一致。前置前驱的电动汽车电机控制器和驱动电机组成的驱动系统都布置在发动机舱内，控制器装在驱动电机的上方。

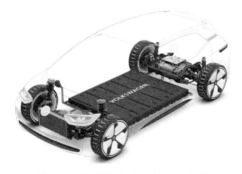

图 1-7　电动汽车动力蓄电池部件　　　　图 1-8　驱动系统部件

5. 整车控制器

许多燃油汽车在发动机动力系统控制器（ECU）的基础上增加有整车控制器，同样，电动汽车也需要整车控制器。电动汽车整车控制器（Vehicle Controller Unit，VCU）接收车速、制动踏板、加速踏板和剩余电量等信息，通过网络综合控制驱动行车所需要的工作部件。它是纯电动汽车整车控制系统的核心部件，对汽车的正常行驶、再生能量回收、网络管理、故障诊断与处理、车辆的状态与监视等功能起着重要的作用。与各部件控制器的动态控制相比，整车控制器属于管理协调型控制部件，其安装位置如图 1-9 所示。

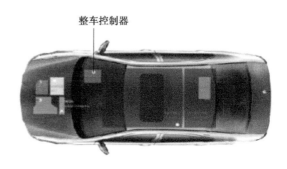

图 1-9　整车控制器

6. 电子换档器（图 1-10）

图 1-10　电子换档器

电动汽车使用的驱动电机的转速可调范围宽，且本身具有正反双向旋转功能，可较方便地实现车辆的向前、向后驱动运行，无须像燃油汽车那样配置一套复杂的变速机构。一般电动汽车使用的是将驾驶人的操作意愿信息转化成电子信号的电子换档器，电子换档器将操作意愿信息转换为电子信号后传给整车控制器或驱动电机控制器，来控制驱动电机方向和转速。

1.2.3　辅助系统的区别

1. 空调制冷系统

电动汽车与燃油汽车的制冷系统相比，主要的不同是压缩机发生了变化，由原来的发动机曲轴带轮驱动的机械式压缩机，改为由整车动力蓄电池驱动的电动压缩机，如图 1-11 所示。电动压缩机的输入功率一般为 2~6kW，连接在动力蓄电池的输出端，由高压电进行驱动。

图 1-11　电动压缩机

2. 真空助力制动系统

因为电动汽车没有发动机，失去了传统制动系统真空助力装置的真空源，仅由人力所产生的制动力无法满足行车制动的需要，这就需要为制动系统增加电动真空助力系统。燃油汽车可通过将进气歧管处产生的真空通过管路连接到真空助力器上，在制动时提供真空助力。

电动汽车则设置电动真空泵产生真空来解决。为了保证整个真空助力系统的正常工作，电动汽车需要安装一个真空度传感器和真空罐，以保证系统在较长时间内处在一个合适的真空度范围内工作。电动真空泵在电动汽车上集成应用时采用合适的真空泵控制单元，根据对该真空泵试验分析和实际的汽车操纵需要，使用合适的真空开关与压力控制模块对真空泵发出实时关闭或开启指令。电动汽车真空助力系统如图 1-12 所示。

图 1-12　电动汽车真空助力系统

3. 助力转向系统（EPS）

电动汽车的电动助力转向系统是在传统机械转向系统的基础上发展起来的。它利用电机产生的动力来帮助驾驶人进行转向操作，主要由三大部分构成：信号传感装置（包括力矩传感器、转角传感器和车速传感器），转向助力机构（电机、离合器、减速传动机构），电子控制装置。电机仅在需要助力时工作，驾驶人在操纵转向盘时，力矩传感器和转角传感器根据输入力矩和转角的大小产生相应的电压信号，车速传感器检测车速信号，控制单元根据电压和车速的信号给出指令控制电机运转，从而产生所需要的转向助力。电动助力转向系统（EPS）具有节能、环保等诸多优点，取代液压助力转向系统（HPS）是今后汽车转向系统发展的趋势。

电动助力转向系统按照电机布置位置的不同，可以分为转向轴助力式、齿轮助力式和齿条助力式三种，如图 1-13 所示。

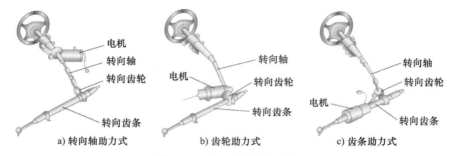

图 1-13　电动助力转向系统

4. 采暖系统

传统燃油汽车是将发动机的余热通过管路引入驾驶舱的暖风芯体，利用驾驶舱内的空气流动热交换进行采暖。电动汽车没有发动机，也就没有了可以用来采暖的余热，因此需要设置单独的部件对驾驶舱进行加热。目前，加热方式主要有三种模式。

① 风暖。采用 PTC 电加热材料进行加热。这种方式改动小，投入成本低，但与塑料壳体近距离接触，这种方式存在一定的安全隐患。

② 水暖。仍保留原来燃油汽车的冷却液暖气系统，采用电加热装置接入暖气管路接口替代发动机产生热量。采用这种加热方式必须合理设置电加热器的位置，充分利用冷却液的自然循环，或另外添加循环水泵来促进冷却液的循环流动以提高热效率。

③ 远红外制暖。不再使用燃油汽车利用发动机余热的吹暖风模式对驾乘人员进行制暖，而是正向开发使用远红外制暖材料对座椅、脚底板、仪表板等处重新设计取暖模式。

5. 组合仪表（图 1-14）

在燃油汽车仪表信息显示的基础上，又增加了电压、电流、荷电状态（SOC）、系统准备就绪等电动汽车专用信号显示，这些都在整车控制器的监控中。仪表与整车控制器采用 CAN 总线通信的形式，这既可保证传输信息的多样化，又可保证准确性。

6. 警示安全部件

电动汽车在运行时没有发动机的运行噪声，比较安静，但同时又会由于运行声音小，路边的行人不易察觉而造成意外的人身伤害。因此，我国在 2012 年颁布实施的 GB/T 28382—2012《纯电动乘用车技术条件》规定要求，在设计车辆时应考虑起步、低速

图 1-14　电动汽车组合仪表

（低于 20km/h）能够给车外人员发出适当的提示性声响。另外针对汽车的运行安全，要求电动汽车具备远程监测能力。

行人警示器能够给车外人员发出适当的提示性声响，如图 1-15 所示。该警示器在车辆起步或低速行驶时，能识别到行人或其他物体，自动发出低频的比发动机工作声音低 5dB 以上的提示声音。目前在电动汽车上使用较多的警示器有两种：一种是单一的行人警示器，由以前的电喇叭转变而来，按通开关后发出低频的喇叭声音；另一种是自动的行人警示器，可结合车辆的行驶状态，自动识别行人并发出低分贝的模拟发动机的声音或其他特定的声音，如图 1-16 所示。

图 1-15　电动汽车行人警示器　　　　　　　图 1-16　行人警示器

远程监控系统可对整车、动力蓄电池、驱动电机等进行实时监测，并将监测数据通过通信服务商网络，实时发送给各地的电动汽车综合服务和管理平台，确保车辆的安全运行。

电动汽车与燃油（汽油）汽车主要部件及功能对比汇总见表 1-1。

表 1-1　电动汽车与燃油（汽油）汽车主要部件及功能对比

燃油汽车	燃油汽车部件功能	电动汽车	电动汽车部件功能
燃油箱	储存燃料，为发动机提供燃料	动力蓄电池	储存高压电能，输出高压电，为整车提供动力
发动机	将燃料的化学能通过燃烧转变为机械能和热能	驱动电机及控制器	将高压直流电转换为机械能，驱动汽车运行
发电机	通过发动机驱动，将机械能转变为电能	DC/DC 变换器	将高压电转换为低压电，为整车低压部件提供电源，并为小蓄电池充电
加油机	将燃油通过管路加注到燃油箱内	充电机	通过电网为动力蓄电池充电
整车控制器	收集整车相关信息，向其他控制器发出控制指令	整车控制器	收集整车相关信息，向其他控制器发出控制指令
液压助力转向	由发动机驱动，将机械能转变为液压能为转向提供助力	电动助力转向	将电能转化为机械能，为转向提供助力
发动机真空助力	利用发动机产生的真空度，为制动提供真空助力	电子真空助力	采用电子真空泵提供真空，为制动提供真空助力
制冷系统	采用发动机驱动压缩机为空调系统建立压力差	制冷系统	采用电动压缩机，将电能转变为机械能为空调系统建立压力差
采暖系统	利用发动机余热，提供采暖热量	采暖系统	将电能转化为热能，提供采暖热量
换档器	为机械换档器，可供转向和变速	换档器	为电子换档器，仅提供电子信号

1.3　行驶模式

　　驱动电机系统包括驱动电机、电机控制器，通过高低压线束、冷却管路与整车其他系统连接。整车控制器根据加速踏板信号、制动踏板信号和档位等信号通过 CAN 总线向驱动电机控制器发送指令，实时调节驱动电机的输出转矩，以调整整车的低速、加速、停车和能量回收等功能。电机控制器能对自身的温度、转子位置进行实时监测，并把相关信息传递给整车控制器，进而调节水泵和电子冷却风扇的工作，使驱动电机保持在理想的状态。现在电动汽车的行驶模式有 D 档加速模式行驶、E 档省电模式行驶、制动能量回收、R 档倒车四种模式。

1.3.1　D 档加速模式（图 1-17）

D 档　打开上电开关，将变速杆置入 D 档并踩下加速踏板，此时档位信号和加速踏板信号传递给整车控制器，整车控制器把驾驶人的操作意图通过 CAN 总线传递给电机控制器。再由电机控制器结合旋变传感器(驱动电机的转子位置信息)向驱动电机输入三相电流,三相电流在定子绕组上产生旋转磁场,电磁力拖动转子以同步转速正向旋转。

图 1-17　D 档加速行驶模式

　　随着加速踏板行程的不断加大，电机控制器控制 IGBT 的导通频率不断上升，驱动电机的转速随着电流的增加而增加。在电动汽车上要求驱动电机的输出功率保持恒定，电机控制器会通过电流传感器和电压传感器来计算当前的驱动电机功率，并把这些信息数据通过 CAN 总线发给仪表板进行显示。

1.3.2　E 档省电模式（图 1-18）

E 档　E 档为能量回收行驶档，与 D 档的根本区别在于电机控制器与整车控制器的内部程序、控制策略目标不同。

图 1-18　E 档省电模式

　　如果说 D 档主要体现驾车时的加速性，那么 E 档主要体现节省电量以延长续驶里程，即省电节能性。变速杆在 D 档注重加速灵敏响应较快，在 E 档则注重能量回收，放电平缓。当车辆高速行驶或下坡行驶时松开加速踏板，驱动电机会被车轮反拖动成为发电机，此时由于发电反拖动消耗了部分机械能，牵制了车辆滑行而起到了一定的降速制动的效果。驾驶时会发现 E 档位比 D 档位滑行的距离明显偏短。

1.3.3　制动能量回收（图 1-19）

制动　松开加速踏板后，驱动电机在惯性的作用下仍在旋转。当电机转速下降至车轮转速以下时,车轮带动电机旋转,此时原来的驱动电机就开始发电。

图 1-19　制动能量回收

动力蓄电池管理系统（BMS）根据蓄电池充电特性曲线（充电电流、电压变化和电池容量的关系）以及电池温度等参数，计算出相应的最大允许充电电流。电机控制器控制IGBT模块，调整发电机定子线圈旋转磁场的角速度与电机转子的角速度，保证发电电流在最大发电电流以下，从而调整发电机向动力蓄电池充电的电流，同时也控制了车辆的减速度。当踩下加速踏板时，反馈电流在驱动电机控制器的调节控制下充入高压动力蓄电池。如果驾驶人感觉车速下降较慢，制动效果不理想，则应继续踩下制动踏板使液压制动系统进入工作状态。

1.3.4　R 档倒车（图 1-20）

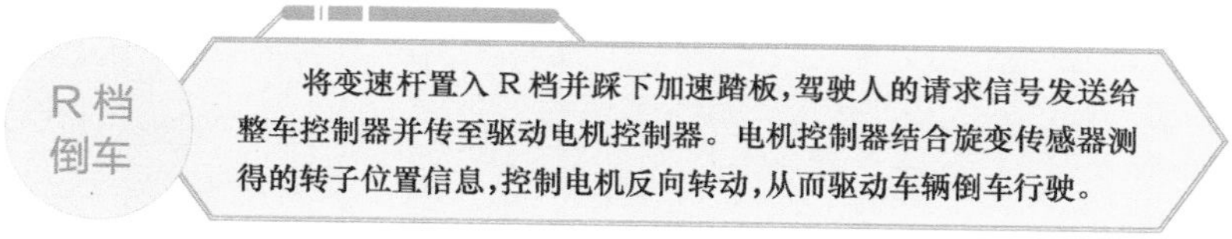

R 档倒车

将变速杆置入 R 档并踩下加速踏板，驾驶人的请求信号发送给整车控制器并传至驱动电机控制器。电机控制器结合旋变传感器测得的转子位置信息，控制电机反向转动，从而驱动车辆倒车行驶。

图 1-20　R 档倒车模式

　　主要是通过改变 IGBT 模块向驱动电机输入三相电 W/V/U 的通电顺序来控制电机反向转动。

1.3.5　行驶驱动工作条件

　　电动汽车正常工作行驶需要满足以下工作条件：
　　① 无绝缘报警，高压电源输入正常（绝缘电阻 >20MΩ）。
　　② 钥匙或电子按钮接通后，12V 低压电源输入正常（在 9~16V 内）。
　　③ 驱动系统与整车控制器通信正常。
　　④ 驱动电机及电机控制器温度正常。
　　⑤ 驱动电机转角（旋变）传感器信号输出正常。
　　⑥ 高压开关（盖）信号正常。

2.1　整车控制系统的组成

电动汽车内部系统结构如图 2-1 所示。整车控制系统（VMS）是电动汽车的神经中枢，承担了各系统的数据交换、信息传递、故障诊断、安全监控、驾驶人意图解析、动力蓄电池能量管理等作用，对电动汽车的动力性、经济性、安全性和舒适性等有很大的影响。为保证纯电动汽车的安全和可靠运行，要求整车控制系统具有：

① 可靠性。

② 容错性。

③ 电磁兼容性。

④ 环境适应性。

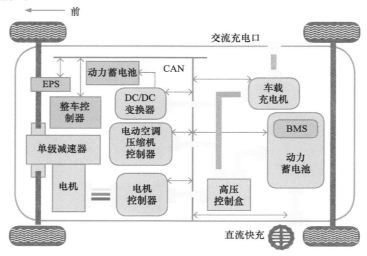

图 2-1　电动汽车内部系统结构

整车控制系统包括低压电气系统、高压电气系统和整车网络控制系统，如图 2-2 所示。

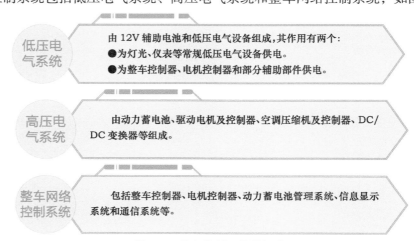

低压电气系统　由 12V 辅助电池和低压电气设备组成，其作用有两个：
● 为灯光、仪表等常规低压电气设备供电。
● 为整车控制器、电机控制器和部分辅助部件供电。

高压电气系统　由动力蓄电池、驱动电机及控制器、空调压缩机及控制器、DC/DC 变换器等组成。

整车网络控制系统　包括整车控制器、电机控制器、动力蓄电池管理系统、信息显示系统和通信系统等。

图 2-2　整车控制系统的组成

2.1.1 整车控制器

许多燃油汽车在发动机动力系统控制器的基础上增加有整车控制器（Vehicle Controller Unit，VCU），同样电动汽车也需要整车控制器。电动汽车整车控制器接收车速、制动踏板、加速踏板和剩余电量等信息，通过网络综合控制驱动行车所需要的工作部件，是电动汽车整车控制系统的核心部件，它对汽车的正常行驶、再生能量回收、网络管理、故障诊断与处理、车辆的状态与监视等功能起着关键的作用。与其他各部件控制器的动态控制相比，整车控制器属于整个车辆的管理协调型控制部件。其实物如图 2-3 所示，主要功能如图 2-4 所示。

图 2-3 整车控制器

整车控制器依据整车运行工况，协调发动机和电机能量分配问题、整车工况模式转换、突发事件处理以及电池能量管理系统，是整车核心控制单元。

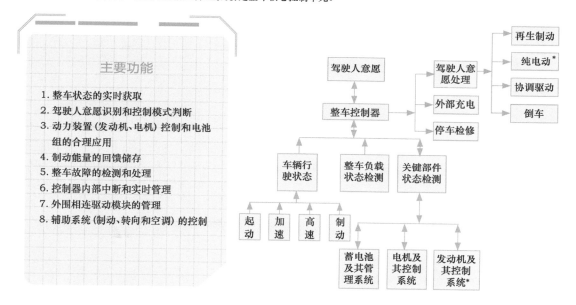

图 2-4 整车控制器主要功能

注：* 表示在混合动力车型中

整车控制器硬件部分包括微处理器、电源及保护电路模块、CAN 通信模块、A/D 数模转换模块、I/O 接口和调试模块等。其主要功能根据重要程度和实现次序可划分为四层：

1. 数据交换管理层

接收 CAN 总线信息对馈入整车控制器的物理量进行采集处理，并通过 CAN 总线发送控制指令，通过 I/O 接口提供对显示单元和继电器等的驱动信号。该层的功能是实现其他功能的基础和前提。

2. 安全故障管理层

对于继承的数据进行分析判断，检测出故障后做出相应的处理，在保证车辆安全的条件下，给出部件可使用的工作范围，以尽可能满足驾驶意图。

3. 驾驶人意图解释层

对采集到的驾驶人操作信息进行分析处理，并计算出驱动系统的目标转矩和车辆行驶的需求功率。

4. 能量流管理层

在多个能量源之间进行需求功率分配，如图 2-5 所示。

图 2-5　整车控制器实现次序

2.1.2　控制模式的判断选择

整车控制器（VCU）通过采集电子或机械的钥匙信号、充电信号、加速/制动踏板位置信号来判断该车辆处于充电模式还是行车模式，然后进行选择，如图 2-6 所示。整车控制器依据制定的控制策略和动力蓄电池的能量状态进行动力分配和能量管理，并承担车辆低压电器系统、高压电器系统、全车网络化控制系统的数据交换与管理、故障诊断、安全监控和驾驶人意图解析等作用。

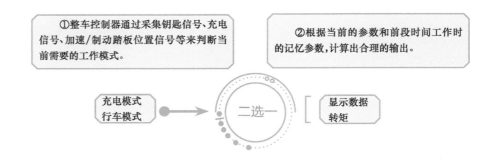

图 2-6　控制模式

整车控制器根据车辆的输入条件判断车辆所处的状态。车辆状态逻辑关系如图 2-7 所示。

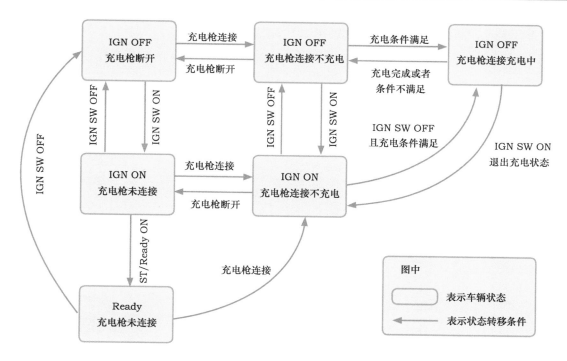

图 2-7　整车控制器车辆状态逻辑关系

2.1.3　整车能量管理

①作用：对动力电池能量进行优化以提高续驶里程。

②优化方式：电量低时，发出指令关闭部分舒适电气设备（如空调、暖风、座椅加热等）使电量优先于保证车辆的安全行驶。

2.1.4　通信网络管理

整车控制器是全车的网络信息控制中心，负责图 2-8 所示的 5 项工作。

图 2-8　通信网络管理

基于整车控制器的全车网络管理结构如图 2-9 所示。

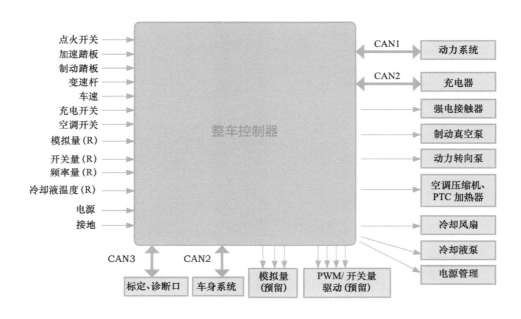

图 2-9　全车网络管理结构

2.1.5　制动能量回收

整车控制器根据行车速度、驾驶人制动意图和动力蓄电池的荷电状态进行综合判断。若达到回收制动能量的条件，整车控制器就会向电机控制器发出控制指令，使驱动电机工作在发电状态，将制动能量转变成电能存储到动力蓄电池中。

2.1.6　故障诊断与处理

整车控制器连续检测各控制系统，并进行故障诊断和相应的安全保护处理，同时还对故障进行等级分类、报警显示、存储故障码等处理。

整车控制器将电动汽车的故障分为 4 个等级，如图 2-10 所示。

1　一级 致命故障，须紧急断开高压电!!!

2　二级 严重故障，电机 0 转矩输出

3　三级 一般故障，限速跛行

4　四级 轻微故障，停止能量回收

图 2-10　电动汽车故障等级

2.1.7　车辆状态监测

整车控制器能够对车辆进行实时检测，并将各子系统的信息发给车载信息显示系统，将状态信息和故障诊断信息通过数字仪表显示出来，显示内容包括：车速、里程、电机转速、温度、电池电量、电压、电流和故障信息。

电动汽车仪表的报警灯符号及含义见表 2-1。

表 2-1　电动汽车仪表的报警灯符号及含义

序号	指示灯	名称	常亮	工作条件
1		动力蓄电池故障	表示动力蓄电池内部出现短路或断路故障	来自总线信号，受整车控制器控制
2		充电线连接指示灯	连接好充电枪时点亮	在该灯点亮时无法进入行车状态
3		驱动电机或其控制器过热警告灯	表示驱动电机或其控制器温度过高	来自总线信号，受整车控制器控制
4		动力电池电量不足警告灯	表示该车的动力蓄电池电量不足，需充电处理	来自总线信号，受整车控制器控制
5	EV MODE	EV 驱动模式指示灯	表示车辆处于纯电动驱动模式	来自总线信号，受整车控制器控制
6	READY	车辆运行准备就绪指示灯	点亮说明上电结束车辆可开始运行	来自总线信号，受整车控制器控制

2.2　整车控制器与各子控制器的关系

整车控制器是整车控制系统的核心，是各子控制器的管理协调部件。它与各子控制器的关系如图 2-11 所示。

2.2.1　整车控制器与电机控制器（图 2-12）

整车控制器与电机控制器通过 CAN 总线进行实时通信。

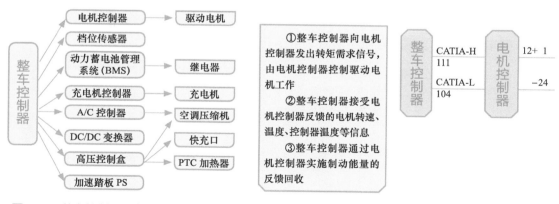

图 2-11　整车控制器与各子控制器的关系　　　图 2-12　整车控制器与电机控制器

2.2.2　整车控制器与档位传感器（图 2-13）

整车控制器接收从档位传感器输送来的信号，进行运算比较后判断驾驶人的选档意图，即是前进 D 档、倒车 R 档还是 N 空档。

档位	信号 1	信号 2	信号 3	信号 4
R	0.3	4.5	4.5	0.3
N	0.3	4.5	0.3	4.5
D	4.5	0.3	4.5	0.3

档位传感器信号电压参考值（单位：V）

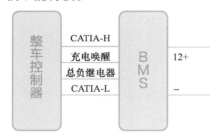

图 2-13　整车控制器与档位传感器

2.2.3　整车控制器与动力蓄电池管理系统（图 2-14）

整车控制器向动力蓄电池管理系统（BMS）发出电能需求信号，并接受 BMS 反馈的电池电量、电池温度、电压、电流等信息。

2.2.4　整车控制器与车载充电机（图 2-15）

将充电枪插入车身充电口后，车载充电机的充电连接确认信号 CC 和 PE 之间导通，此时车载充电机对整车控制器发出预充电信号，整车控制器再向仪表发出信号，使仪表充电指示灯点亮；车载充电机向整车控制器发出充电唤醒信号，切断行车模式置换到充电模式，使车辆不能行驶。

图 2-14　整车控制器与动力电池 BMS　　　　图 2-15　整车控制器与车载充电机

2.2.5　整车控制器与空调压缩机控制器（图 2-16）

整车控制器接受空调面板的 A/C 空调信号、冷暖选择信号、蒸发器温度信号、空调系统压力信号、鼓风机工作信号，以此来判断是否满足启动压缩机的要求。当满足压缩机的启动工作条件时，整车控制器通过 CAN 总线向压缩机控制器发出启动空调压缩机的指令，同时控制压缩机的工作转速。

2.2.6　整车控制器与 DC/DC 变换器（图 2-17）

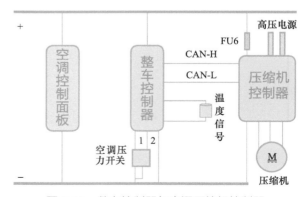

图 2-16　整车控制器与空调压缩机控制器

DC/DC 变换器在接收到整车控制器发出的控制器信号后，在车辆充电或运行时将高压电转变为低压电给低压蓄电池充电，同时给低压系统电气设备供电。DC/DC 变换器有故障时不能为 12V 低压系统供电和蓄电池充电，会及时向整车控制器发出信号，通过仪表故障灯点亮显示报警。

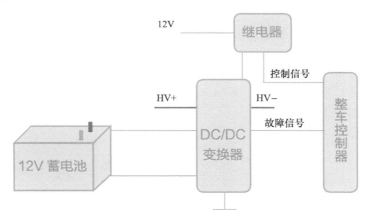

图 2-17 整车控制器与 DC/DC 变换器

2.2.7 整车控制器与高压控制盒（图 2-18）

高压控制盒是完成动力电池电源的输出与分配，实现对支路用电器的保护与切断的部件，包括快充继电器、PTC（Positive Temperature Coefficient，正温度系数）加热控制器和空调压缩机继电器等。当对车辆快速充电时，高压控制盒内的正、负两个快充继电器闭合；当按下空调开关（A/C）需要制冷时，整车控制器发出信号使空调继电器闭合；需要制热时，整车控制器使 PTC 加热控制器工作。

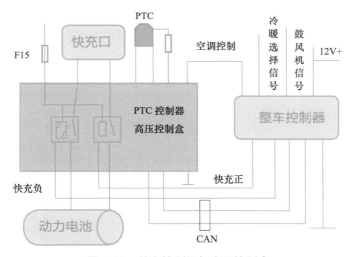

图 2-18 整车控制器与高压控制盒

2.3 整车供断电

整车供断电是由整车控制器协调各个控制器、使各控制器按顺序合理地接通与切断低压控制信号，使动力蓄电池继电器接通或断开，从而使车辆能够完成"起动"和"停止"动作，同时进行信息交互和故障检测。整车供断电过程包括低压供电与断电、唤醒与取消、高压供电与断电三部分（图 2-19），所涉及的控制单元包括：

    ① 整车控制器。

    ② 电机控制器。

    ③ 动力蓄电池管理系统（BMS）。

    ④ 空调系统。

    ⑤ DC/DC 变换器。

    ⑥ 组合仪表（ICM）。

    ⑦ 远程终端控制系统。

    ⑧ 充电机（CHG）。

图 2-19　整车供断电过程

2.3.1　低压供电原理

动力蓄电池对外供电才能使电动汽车正常工作行驶。为了保证供电安全，整车控制器在动力蓄电池供电之前确认高低压部件无异常后，首先进行低压供电。电动汽车低压供电的途径有三种（图 2-20）。

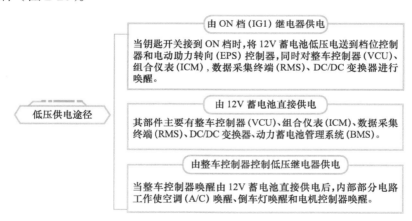

图 2-20　整车电压途径

2.3.2　控制器的唤醒方式

电动汽车控制器的唤醒方式通常有四种，分别是：点火（钥匙）开关唤醒、快充唤醒（快速充电枪插入车辆充电插座后唤醒）、慢充唤醒（普通充电枪插入唤醒）和远程 APP 模式唤醒。远程 App 模式唤醒主要使用在远程开启空调和远程寻车驱动车辆驶向身边（而不是自己走向车）等。

1. 运行模式下控制器唤醒原理（图 2-21）

由 ON 档（IG1）继电器唤醒的控制器有整车控制器、组合仪表（ICM）和远程终端控制器（RMS），再由整车控制器唤醒 BMS 和 DC/DC 变换器。其电路原理图如图 2-22 所示。

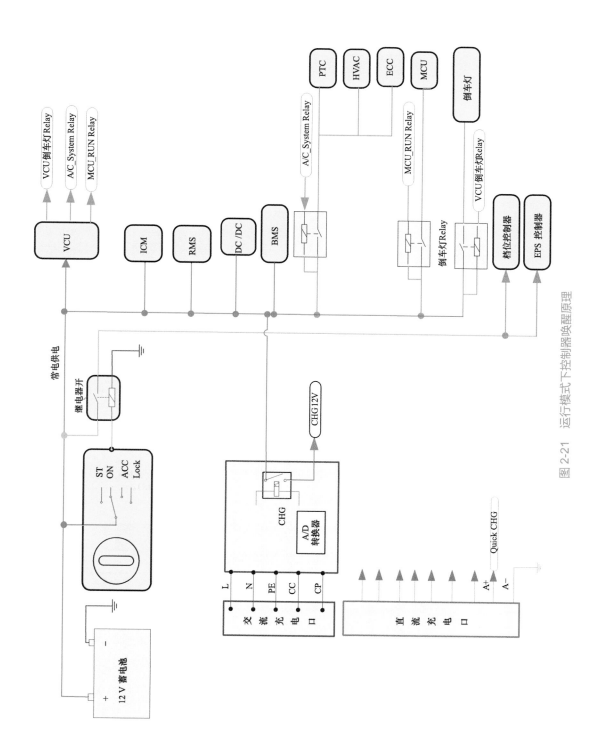

图 2-21　运行模式下控制器唤醒原理

2.慢充电模式下的各控制器唤醒原理（图 2-22）

慢充（CHG12V）唤醒信号是当充电桩与车载充电机建立充电关系后，车载充电机控制内部继电器接通后输出，分别给整车控制器和数据采集终端提供信号。当整车控制器被唤醒后，输出唤醒信号给 BMS 和 DC/DC 变换器。

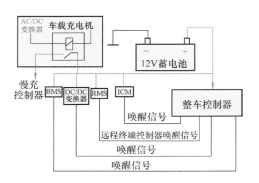

图 2-22　慢充电模式下的各控制器唤醒原理

3.快充电模式下各控制器唤醒原理（图 2-23）

分别在充电桩和车辆快速充电口插入快速充电线缆，快充模式即被唤醒；充电桩与车辆建立连接后，快速充电桩发出唤醒信号给 VCU 和 RMS，VCU 被唤醒后将送出唤醒信号给 BMS 和 DC/DC 变换器。

4.远程模式下各控制器的唤醒原理（图 2-24）

远程唤醒信号至 RMS，RMS 唤醒后即将唤醒信号送入 VCU，VCU 再送出信号唤醒 ICM、DC/DC 变换器和 BMS。

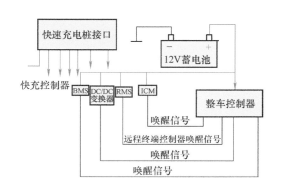

图 2-23　快充电模式下各控制器唤醒原理

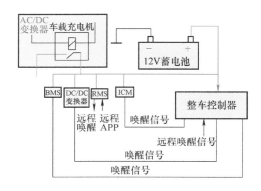

图 2-24　远程模式下各控制器的唤醒原理

3.1 高压部件及供电原理

电动汽车高压部件主要有动力蓄电池、高压控制盒、驱动电机及电机控制器、车载充电机、电动空调压缩机及控制器、DC/DC 变换器等，如图 3-1 所示。

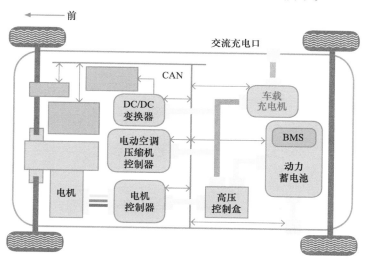

图 3-1 电动汽车部分高压部件

3.1.1 高压系统的供电原理

电动汽车高压系统的供电原理：低压供电完成及控制器唤醒后，VCU 控制动力蓄电池的负极接触器 B 接通，再由动力蓄电池管理系统（BMS）控制预充电接触器 P 闭合；当预充电结束后，BMS 控制正极接触器 G 闭合，同时使预充电接触器断开。至此即完成了动力蓄电池高压供电，如图 3-2 所示。

3.1.2 预充电电路（图 3-3）

预充电电路的作用是防止在高压接触器闭合瞬间形成大电流和高电压对驱动电机系统中的高压部件形成冲击，在接通高压电路瞬间造成器件的损坏。在供电过程中，预充电电路通过整车控制器控制相应的高压接触器的通断时序，以达到对高压系统安全供电的目的。预充电电路主要由预充电继电器和预充电电阻（图 3-4）组成，预充电继电器由动力蓄电池管理系统（BMS）控制。在充、放电初期需要闭合预充电继电器进行预充电，在充电初期给各个单体电池进行预充电，以确定单体电池有无短路、断路；在放电初期用低压小电流给各个控制器的电容充电，当电容两端接近电池总电压时即为预充电完成，方可断开预充电继电器，闭合正主继电器。

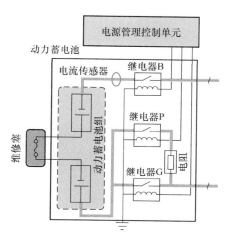

图 3-2 高压系统供电原理

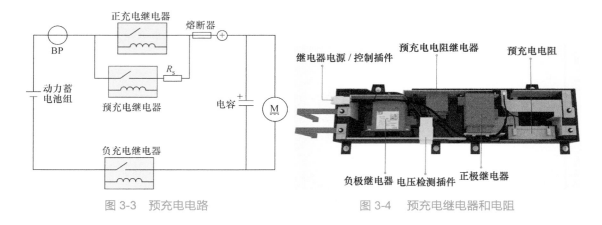

| 图 3-3 预充电电路 | 图 3-4 预充电继电器和电阻 |

3.2 整车高压供断电

3.2.1 高压供电流程

1. 低压供电（图 3-5）

当上电开关旋至 ON 档时，整车开始高压供电检测。控制器进行初始化，整车控制器（VCU）进行模式判断。若判断为行车模式，则 VCU 进行初始化并完成自检；之后 VCU 闭合驱动电机控制器（MCU）、低压继电器和空调面板、PTC 低压继电器，并唤醒动力蓄电池管理系统（BMS），车辆低压供电开始。

2. 高压供电（图 3-6）

汽车低压供电开始后，进行整车低压自检。在 BMS 和电机控制器完成自检后，自检计数器由 0 变为 1 并发给 VCU。该步自检完成后 VCU 闭合动力蓄电池模块内的负极继电器和预充电继电器，整车计数器置 2 发给 VCU 后进行预充电；BMS 完成预充电后，正极继电器闭合，进行动力蓄电池高压自检；整车计数器置 3 的位置发给 VCU，此时各控制器进行高压检测；高压检测通过，高压供电完成。此时车辆处于待行车状态，绿色的 Ready 灯点亮。

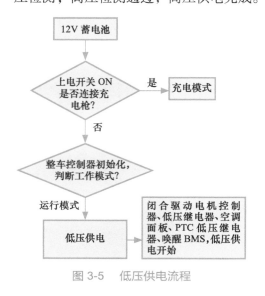

图 3-5 低压供电流程

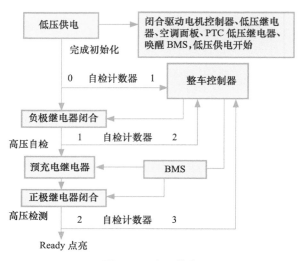

图 3-6 高压供电

3.2.2 高压断（掉）电流程（图 3-7）

① 当系统检测到高压总电流小于 5A 且持续 600ms 以上时，VCU 进入断电流程，BMS 断开电池正极继电器，自检计数器置 2 并发给整车控制器。正极继电器断开后，BMS 进行正极继电器是否粘连检测，各高压电器零功率输出，进行高压回路放电。

② 当电机控制器检测到高压回路电压低于 36V 后，置放电完成标识符发给 VCU，VCU 断开蓄电池负极继电器，各高压控制器检测高压，零功率输出；BMS 进行高压掉电检测，完成后 BMS 自检计数器置 1 并发给 VCU。

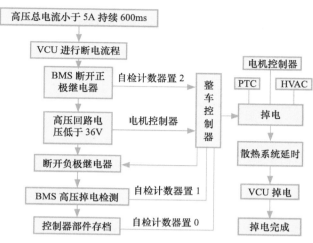

图 3-7 高压断（掉）电流程示意图

③ 当各运转部件数据存档时，BMS 和各高压电器部件写入数据至电可擦除只读存储器 EEPROM，BMS 自检计数器置 0 并发给整车控制器，电机控制器写入数据至电可擦除只读存储器 EEPROM 完成标识符；当存档完成后，VCU 依次给 BMS、电机控制器、空调控制（HVAC）、加热器（PTC），进行高压电掉电，散热系统延时掉电；VCU 写入数据 EEPROM，最后 VCU 掉电，至此整车高压系统（断）掉电完成。

3.3 高压安全防护

为了保证驾乘人员和维修、保养维护人员的安全，必须对电动汽车上的高压电进行必要的电气防护。防护措施主要有：

① 高压电正极和高压负电极使用各自独立的高压线缆。

② 高压系统带有等电位线，用于引开接触电压，插头和连接均有接触防护。

③ 在动力蓄电池控制器上有可控的高压正极触点和高压负极触点。

④ 在动力蓄电池上安装有维修开关，在拔下维修开关后高压系统断电。

⑤ 采用带隔离绝缘的 DC/DC 变换器。

⑥ 在高压元器件内采用互锁安全线，在识别出碰撞故障时，动力蓄电池上的高压触点立即断开。

⑦ 在高压元器件上使用绝缘监控。

3.3.1 高压电气网络系统防护

电动汽车的高压部分采用双线制结构，其结构决定了从动力蓄电池（供电元件）到驱动电机（用电元件）的电能传输路径，这种网络系统被称为 IT 网络系统，如图 3-8 所示。在电动汽车高压系统使用 IT 网络，高压电与壳体绝缘有单独的回路，因此不会有高压电流通过车身，保障了驾乘人员的安全，另外即使高压系统电源正极到壳体出现故障，IT 网络系统也不会断电。当 IT 系统正负极均连接故障时，如图 3-9 所示。第一个故障在车上出现时系统仍能工作，但会出现报警信息；当第二个故障出现时，BMS 会将高压系统断电，同时系统内会短路，维修开关熔断器爆开，切断高压回路，组合仪表上有报警信息，车辆的高压系统无法工作，车辆也就无法启动运行。

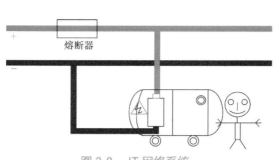

图 3-8　IT 网络系统　　　　　　　　图 3-9　IT 网络出现连接故障

1. 高压电缆防护

电动汽车上的高压线缆一般都用橙色的，高压正极和高压负极分别采用独立的导线与高压部件连接，车身不用作搭铁。电动汽车上的高压线缆俗称高压线，如图 3-10 所示，有单芯高压线缆和双芯高压线缆之分。

2. 插头和插座的接触防护

电动汽车高压线缆的插头和插座都具有特殊的结构形式，以进行高压电气防护。电动汽车的高压电缆插头如图 3-11 所示。

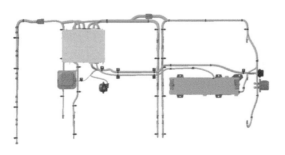

图 3-10　电动汽车上的高压线

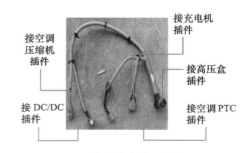

图 3-11　电动汽车高压电缆插头

3. 维修开关（图 3-12）

在电动汽车高压电路串接导线上都安装有维修开关，其作用：一是进行车辆维修作业时拉开此插头，高压触点监控电路断开使高压系统自动关闭切换到无电压状态；二是维修作业前拉开此插头并固定住，以防止维修作业中非人为操作需要而自行接通。

3.3.2　高压互锁

在电动汽车上高压互锁安全回路是个环形线路，通过低压电网来监控高压电网。不可在未断开安全维修开关的情况下拔下高压电插头。如果安全回路断线，则会导致高压系统立即切断，以形成防触电保护。北汽电动汽车某车型高压互锁回路示意图如图 3-13 所示。

图 3-12　维修开关

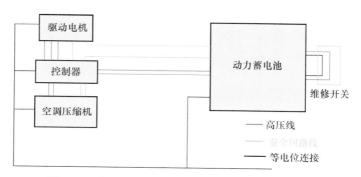

图 3-13　北汽电动汽车某车型高压互锁回路示意图

1. DC/DC 变换器的安全防护

DC/DC 变换器内的高压部分和低压部分是隔离分开的，DC/DC 变换器的低压输出负极仍采用与车身搭铁的方式，这样使其他低压用电设备的 12V 供电网络系统方式与传统燃油汽车一样不变。DC/DC 变换器内部的防护原理如图 3-14 所示。

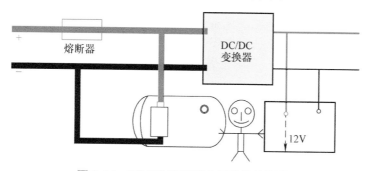

图 3-14　DC/DC 变换器内部的防护原理

2. 电容器放电防护

在电机控制器或其他功率电子装置内安装有电容器。通过电容器放电可以消除功率电子装置内电容器上的残余电压。由整车管理系统来进行主动放电，在每次切断高压系统或发生中断控制线时，都会发生这种使电容主动放电的现象。在拆卸高压部件之前把残余电压卸掉称为被动放电。为了能可靠地把残余电压清除掉，在拔下维修开关之前，需等待一段时间（一般为 10min），然后才可以对高压部件进行拆卸检修工作。

第4章 高低电压变换器 〉〉〉〉〉〉〉〉〉〉〉〉〉〉〉〉

4.1 高低电压变换器的作用和类型

燃油汽车 12V 系统低压电由发电机和蓄电池提供，在电动汽车上低压电由高低电压变换器和小蓄电池提供。高低电压变换器是电动汽车低压电源系统的主要供电设备，向除驱动电机之外的所有用电设备供电，同时向低压 12V 蓄电池充电，其效率远高于发电机，且输出稳定、体积小、质量轻。高低电压变换器的主要作用是：

① 实现电动汽车动力高压电源电压和普通电气系统低压电源电压转换。

② 给所有的低压电气设备供电。

③ 给低压蓄电池充电。

4.1.1 高低电压变换器的类型

电动汽车高压电转换为低压电的设备可分为 DC/DC（直流 / 直流）变换器和 DC/AC（直流 / 交流）变换器两大类，在电动汽车中主要用的是 DC/DC 变换器，有升压、降压和双向（升压 - 降压一体机）三种形式，是实现电气系统高低电压变换的重要设备。

4.1.2 电动汽车对高低电压变换器的技术要求

电动汽车对高低电压变换器的技术要求如图 4-1 所示。

图 4-1 电动汽车对高低电压变换器的技术要求

4.2 高低电压变换器与高压控制盒

高低电压变换器是电动汽车中高低电压变换的重要部件，一般安装在电动汽车的前舱内。部分电动汽车将高压控制盒与高低电压变换器一起安装在前舱内，如图 4-2 所示。

高压控制盒的作用是完成动力蓄电池电源的输出及分配，实现对支路用电器的保护及切断，包括 PTC 控制板、PTC 熔断器、空调压缩机熔断器、熔断器、车载充电机熔断器和快充继电器等部件。电动汽车上的高压线束大多为橘黄色，低压线束大多为黑色，操作时禁止随意触动高压线束。

高低电压转换的工作流程：当打开钥匙开关（或电子开关被触摸）时，高低电压变换器开始工作，高压电由动力蓄电池经高压线束到高低电压变换器对于设置有高压控制盒的电动汽车，高压电经高压线束先到高压控制盒，再通过高压附件线束到高低电压变换器。高低电压变换器将高压电转变成 12V 系统用的低压电，如图 4-3 所示。为使低压电池保持满电的状态，一般高低电压变换器输出电压设定在 14.4~15.1V，其作用相当于燃油汽车的发电机。

图 4-2　高低电压变换器与高压控制盒

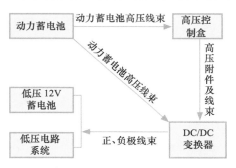

图 4-3　高低电压变换器的工作流程示意图

4.3　高低电压变换器的工作原理

电动汽车高低电压变换器主要由滤波器、逆变电路、输出高频整流滤波电路、输出二级滤波电路、CPU 控制系统电路等组成。其原理如图 4-4 所示。其中输入滤波器对电磁兼容有很大的作用，可有效地抑制传导的干扰。高频整流滤波电路和二级滤波电路共同起作用使电源的输出波纹大大降低。CPU 控制系统用于控制在各种负载变换情况下的稳定输出。

当打开上电（点火）开关或低压电池管理系统检测到低压辅助电池的电压低于某一设定值时，向高低电压变换器的 CPU 提供信号，使高低电压变换器开始工作。由动力蓄电池模块提供电能为车辆除驱动系统之外的所有用电设备供电，同时为辅助低压电池充电。其控制原理如图 4-5 所示。

由于电动汽车电气系统分为高电压和低电压两部分，为了保证车辆电

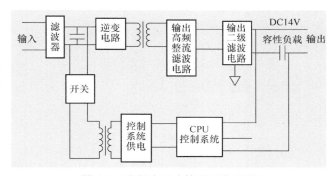

图 4-4　高低电压变换器工作原理

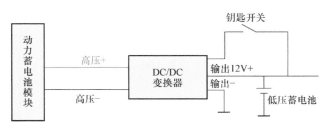

图 4-5　DC/DC 变换器的控制原理

气系统的安全，DC/DC 变换器内部的高压部分和低压部分也是隔离的，即电动汽车必须采用隔离式 DC/DC 变换器。

DC/DC 变换器的输出与 12V 低压蓄电池并联，其负极仍采用与车身搭铁的方式，因此其他低压用电设备的 12V 供电网络与燃油汽车一样。隔离式 DC/DC 变换器分为反激式、正激式和推挽式三种类型。

4.3.1　反激式变换器

当开关管导通时，电源将电能转换为磁场能储存在电感中；当开关管阻断时，磁能转

变为电能输出。反激式变换器的电路原理如图 4-6 所示。在输出工作电流连续的状态下，反激式变换器的输出电压 U_o 为

$$U_o = \frac{N_2}{N_1} \times \frac{D}{1-D} U_d$$

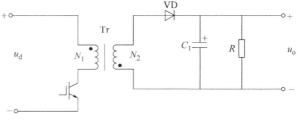

图 4-6　反激式变换器的电路原理

式中，U_o 为输出电压；U_d 为输入电压；N_1 为初级线圈匝数；N_2 为次级线圈匝数；D 为占空比。一般情况下，反激式变换器的工作电压占空比 D 要小于 0.5。

4.3.2　正激式变换器

当开关管导通时，电源将能量直接传送至输出负载，其电路原理和工作波形如图 4-7 和图 4-8 所示。

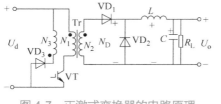

图 4-7　正激式变换器的电路原理

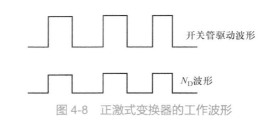

图 4-8　正激式变换器的工作波形

正激式变换器的输出电压为

$$U_o = \frac{N_2}{N_1} D U_d$$

式中，U_o 为输出电压；U_d 为输入电压；N_1 为初级线圈匝数；N_2 为次级线圈匝数；D 为占空比，该电路占空比不能超过 0.5。

4.3.3　推挽式变换器

推挽式变换器属于正激式变换器的一种，其电路原理如图 4-9 所示。

4.4　高低电压变换器的功率选用与故障诊断

图 4-9　推挽式变换器原理

为使整车的用电系统达到平衡，选择高低电压变换器时应根据该车所有电器功率计算负载电流 I_f，从而来确定高低电压变换器的额定输出电流。

4.4.1　整车所有电器设备负载功率的计算

根据纯电动汽车整车用电设备不同的工作特性，将用电设备分为长期导通、连续导通和短期导通三种状况，分别赋予不同的权值进行功率计算，进而计算负载电流，见表 4-1~表 4-3。

表 4-1 长期接通的电器部件功率

电器部件名称	实际额定功率值 /W	权值	计算后功率值 /W
仪表信息显示	32	1.0	32
辅助电池充电	60	1.0	60
电动水泵	50	1.0	50
合计（P_{W1}）			142

表 4-2 连续接通的电器部件功率

电器部件名称	实际功率值 /W	权值	计算功率值 /W
前照灯	110	0.5	55
鼓风机	300	0.5	150
冷却风扇	270	0.3	81
刮水电机	120	0.5	60
车载影音系统	60	0.5	30
电动真空泵	30	0.5	15
电动转向器	180	0.3	54
合计（P_{W2}）			445

表 4-3 短期接通的电器部件功率

电气部件名称	实际功率值 /W	权值	计算功率值 /W
电喇叭	48	0.1	4.8
转向灯	94	0.1	9.4
制动灯	21×2	0.1	4.2
倒车灯	21	0.1	2.1
前雾灯	110	0.1	11
后雾灯	21	0.1	2.1
顶灯	15	0.1	1.5
玻璃升降器	75×4	0.1	30
中控门锁	180	0.1	18
ABS	300	0.1	30
点烟器	120	0.1	12
后视镜调节电机	30	0.1	3
备用电源	120	0.1	12
合计（P_{W3}）			140.1

整车计算的功率值为

$$P_{all}=P_{W1}+P_{W2}+P_{W3}=142+445+140.1=727.1（\text{W}）$$

整车所有的负载电流为

$$I_f=P_{all}/U=727.1/12=60.59（\text{A}）$$

4.4.2 高低电压变换器的选用

为了保证电动汽车的整车实际用电与蓄电池的充放电平衡，高低电压变换器的容量应大于整车电气设备功率计算的负荷，一般取 1.1~1.2 倍率计算。在此按 1.2 倍率计算。初步选定该款电动汽车用高低电压变换器的规格为 14.2V/74.2A，功率为 14.2V/1054W。因此高低电压变换器的规格应选用 14.2V/1.1kW 型。

4.4.3　常见故障及排除

高低电压变换器常见故障有：
① 插接器连接不正常。
② 高压熔丝熔断。
③ 整车控制器无使能信号输入。
④ 高低电压变换器故障。

高低电压变换器常见故障及原理如图 4-10 所示。

图 4-10　高低电压变换器常见故障及原理图

高低电压变换器故障的判断方法如图 4-11 所示。

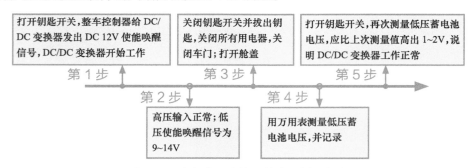

图 4-11　高低电压变换器故障的判断方法

更换高低电压变换器的步骤如图 4-12 所示。

图 4-12　更换高低电压变换器的步骤

模块二

动力蓄电池

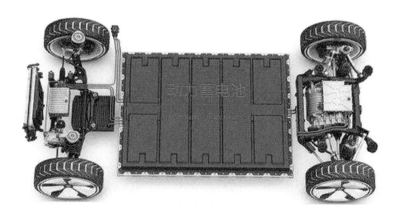

动力蓄电池是电动汽车的能量源，并配有动力蓄电池管理系统（BMS），它相当于燃油汽车的燃油箱，为车辆的运行提供能量。

5.1　动力蓄电池系统

单体蓄电池是电动汽车动力蓄电池组成中的最小单元，是一种电化学装置，充电时能将电能转变为化学能储存起来，放电时能将化学能转变为电能对外做功。单体蓄电池一般由正极板、负极板和电解质组成。单体蓄电池的容量和电压均较小，不足以驱动电动汽车行驶。电动汽车使用的动力蓄电池是可以多次循环充放电的高容量电池的组合，为区别一般储能设备使用的电池，将电动汽车使用的电池组合称为动力蓄电池。多个单体车用动力蓄电池如图 5-1 所示。

图 5-1　多个单体动力蓄电池

5.1.1　动力蓄电池箱（图 5-2）

动力蓄电池箱安装在车身底盘下方，有的与车身底盘造成一体，有承载及保护动力蓄电池组和电器元件的作用，其材料多为高强度的铸铝和玻璃钢。为减轻重量，上盖可采用碳纤维材料。由于动力蓄电池箱内为高电压元件，且电动汽车运行环境多变，在电池箱内设置散热、防水、绝缘等，防护安全等级较高。动力蓄电池箱外表面有明显的防触电安全警告标识。动力蓄电池箱的防护等级为 IP67，紧固螺栓拧紧力矩为 80~100N·m。

图 5-2　动力蓄电池箱

5.1.2　动力蓄电池组

为得到高电压、大电流的动力电源，电动汽车动力蓄电池组由数百只甚至上千只单体蓄电池通过串并联组成。电动汽车上的动力蓄电池组由数个蓄电池电芯组组成，蓄电池电芯组由数个单体蓄电池组成。单体蓄电池又称电芯，是动力蓄电池组中的最小单元，由单体蓄电池并联组成蓄电池电芯组。其组装逻辑关系如图 5-3 所示。例如：特斯拉每 69 节单体蓄电池并联为一组蓄电池电芯组，再将 9 组电芯组串联为一层动力蓄电池组，整个动力蓄电池箱由 11 层动力蓄电池组堆叠而成。

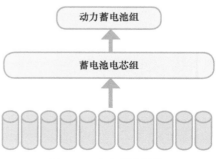

图 5-3　动力蓄电池组

5.1.3 辅助元件

动力蓄电池的辅助元件主要有主继电器、预充电继电器和预充电电阻、加热继电器与加热熔丝、电流传感器、熔断器、高低压线缆和高低压插接件等。主继电器主要包括正主继电器和负主继电器，其作用是控制高压回路的通断。一般正主继电器由电池管理系统（BMS）控制，负主继电器由整车控制器（VCU）控制。预充电继电器由 BMS 控制，在充电初期给各个单体蓄电池进行预充电。预充电电路如图 3-3 所示。

电动汽车的动力蓄电池系统由动力蓄电池箱体、动力蓄电池组、辅助元件和电池管理系统（BMS）四部分组成，如图 5-4 所示。

图 5-4　动力蓄电池系统

5.2　电池管理系统

电池管理系统（Battery Management System，BMS）是动力蓄电池保护和管理的核心部件，它的作用是不仅要保证电池在使用上安全可靠，而且要充分发挥电池的工作能力，延长其使用寿命。

5.2.1　功用（图 5-5）

BMS 的功用是：

① 监控动力蓄电池的状态，防止出现过充电和过放电，以延长动力蓄电池的使用寿命。该功能的实现是通过实时监测动力蓄电池组的串联模块电压、总电压和总电流，进而控制动力蓄电池组的充放电状态。

② 作为动力蓄电池和整车控制器以及驾驶人沟通的桥梁，向整车控制器提供动力蓄电池系统的基本参数、剩余电量和故障信息。

③ 具有高压回路绝缘检测功能，检测电池组与箱体、车体之间的绝缘情况。

④ 通过温控装置实现对动力蓄电池过高温或过低温的保护，具有控制动力蓄电池的加热和降温功能。

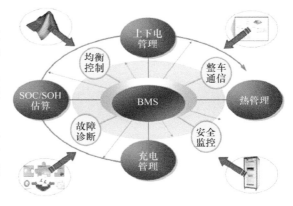

图 5-5　BMS 的功用

5.2.2　组成

BMS 由硬件和软件两部分组成，如图 5-6 所示。

图 5-6　BMS 的组成

1. 硬件部分

① 高压盒。高压盒用于监控动力蓄电池的总电压、总电流和绝缘性能，以及高压线束的连接情况，并将监控数据反馈给主控盒。

② 从控盒。从控盒又称电压和温度采集单元，主要用来监控动力蓄电池单体的电压和动力蓄电池组的温度、SOC 值，并将这些数据反馈给主控盒。

③ 主控盒。主控盒是连接外部通信和内部通信的平台，其作用是接收从控盒反馈的实时温度和单体蓄电池电压，接收高压盒反馈的总电压和总电流，控制与整车控制器的通信，控制动力蓄电池加热，控制充放电电流的大小，控制正主继电器。

BMS 内部高压盒、从控盒和主控盒的关系，如图 5-7 所示。

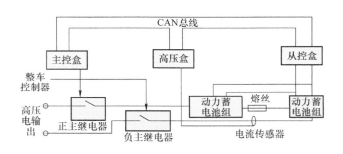

图 5-7　BMS 内部关系

2. 软件部分

电动汽车行驶状况复杂，动力蓄电池放电电流波动大，蓄电池能否合理地充放电将严重影响其使用寿命和工作性能。因此，BMS 对动力蓄电池进行荷电状态和健康状态估算就显得非常重要。

（1）动力蓄电池的荷电状态（State of Charge，SOC）

SOC 值是电池剩余容量与电池额定容量的比值。它反映的是动力蓄电池的实际可用电量，相当于燃油汽车的剩余可用燃料，是汽车运行过程中一个非常重要的参数指标。准确有效地对动力蓄电池进行荷电状态估算，可避免电池过度充放电，有效地延长电池的使用寿命，充分发挥电池的工作性能，降低电动汽车的使用运行成本。动力蓄电池荷电状态估算方法如图 5-8 所示。

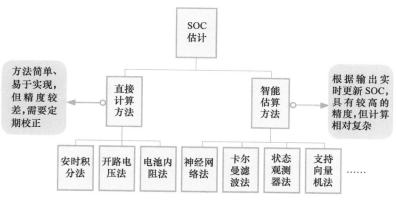

图 5-8　动力蓄电池荷电状态估算方法

动力蓄电池 SOC 值与很多因素有关，而且具有很强的非线性，不能直接测量，这也给估算带来很大的困难。对动力蓄电池 SOC 研究通行的估算方法主要有以下两类：

① 直接测量计算法。在直接测量法中又可分为安时积分法和开路电压法，均需要直接测量电压和电流等物理量。其中对通过一段时间内的电流进行积分来获得当前电池状态的 SOC 称为安时积分法，是较为成熟的方法之一。但安时积分法作为开环预测方法，电池初始 SOC 不确定、使用中的电流测量误差等限制了它的精度。开路电压法在电池充放电的初期和末期测量较为准确，因此可以与安时积分法结合使用。开路电压法利用的是电池开路电压和 SOC 之间存在的固定关系。准确的开路电压要求电池处于既不充电也不放电的状态 1h 以上，以防止电池内部不稳定造成的误差。因此该方法不能单独直接用于电池动态的 SOC 估算，只能和其他方法配合使用。

② 智能估算法。以神经网络法为代表，该算法不需要建立电池模型，具有非线性特征，自学习能力强，但在实际使用过程中受样本状态和训练方法的影响较大。因此需要将神经网络法和其他算法相结合，取长补短，提高估算动力蓄电池 SOC 的精度。

在动力蓄电池的 SOC 实际检测中，采用开路电压 - 安时积分法联合测量估算，此方法简单易行且在线精度高，无须考虑电池内部复杂的化学反应，只需关注系统外部的特征和进入 / 进出系统的电量，实现检测并计算出电池系统的剩余电量。开路电压 - 安时积分法算法流程如图 5-9 所示。

（2）动力蓄电池的健康状态（SOH）

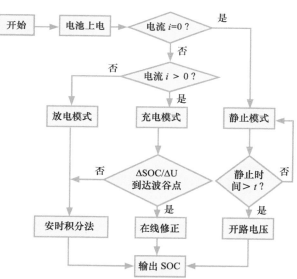

图 5-9　开路电压 - 安时积分法算法流程图

动力蓄电池的健康状态（Section of Health，SOH）即蓄电池满充容量相对额定容量的百分比，新出厂电池为 100%，完全报废为 0。

锂离子蓄电池（Lithium Ion Battery）是指以嵌入锂化合物为正极材料的蓄电池的总称。锂离子蓄电池于 1990 年开始向市场推出，属于较新一代的充电电池。锂离子蓄电池比其他蓄电池能量密度高，循环寿命长，且无污染、无记忆效应，被视为理想的储能动力源之一。

6.1 结构原理

6.1.1 专业术语

① 工作电压。锂离子蓄电池的工作电压为 3.6V，最高充电电压为 4.2V，最低放电电压是 2.0V。

② 能量密度（比能量）。锂离子蓄电池重量轻，容量大，单体能量密度高达 300W·h/kg，未来固体锂离子蓄电池有望突破 500W·h/kg。

③ 循环寿命。锂离子蓄电池的循环寿命长，单体锂离子蓄电池的深度循环寿命长达 2000 次以上。

④ 体积能量密度。锂离子蓄电池的体积能量密度可达到 800W·h/L。

⑤ 自放电率。锂离子蓄电池每月的自放电率仅为 6%~8%，远低于其他电池。

⑥ 寿命。锂离子蓄电池使用寿命长，具有 10 年以上的超长使用寿命。

6.1.2 结构

锂离子蓄电池由正极、负极、隔膜、电解液和安全阀等组成，如图 6-1 所示。按照锂离子蓄电池外壳形状不同，可分为圆柱形锂离子蓄电池（图 6-2）和方形锂离子蓄电池（图 6-3）。

正极材料是锂离子蓄电池关键技术的核心，是电池成本高低的重要影响因素。

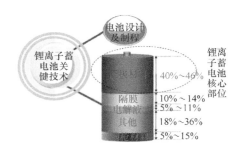

图 6-1 锂离子蓄电池的结构

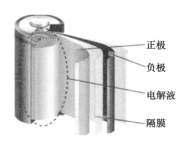

图 6-2 圆柱形锂离子蓄电池的结构

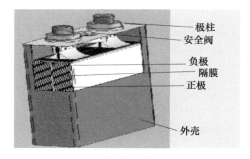

图 6-3 方形锂离子蓄电池的结构

1. 正极

锂离子蓄电池的正极是锂离子蓄电池的关键，其主要材料有锰酸、镍钴、镍钴锰、磷酸铁，以此为活性物质再加入导电剂、树脂黏结剂，呈细薄层分布覆盖在铝基机体上。

2. 负极

负极活性物质为碳材料和黏结剂的混合物，再添加有机溶剂调和后涂覆在铜基机体上。

3. 隔膜

隔膜具有关闭或阻断功能，当电池温度异常上升时，关闭或阻断锂离子的通道细孔，有效防止因外部短路等引起的过大电流而使电池产生异常发热现象。这种现象只要产生一次，电池就不能再正常使用。

4. 电解液

电解液是以混合溶剂为主体的有机电解液。为了使电解液中的锂盐溶解，必须采用具有高电容率且与锂离子相容性好的溶剂，即不阻碍离子移动的低黏度有机溶液为宜。而且在锂离子蓄电池的工作温度范围内，必须呈液态，凝固点低，沸点高。电解液对于活性物质具有化学稳定性，必须良好适应充放电反应过程中发生的剧烈氧化还原反应。单一溶剂很难满足上述严格条件，电解液一般混合几种不同性质的溶剂。将来研发的固体锂离子蓄电池不仅容量大，而且有望突破电解液的限制。

5. 安全阀

为了保证锂离子蓄电池的使用安全性，一般通过对外电路进行控制或者在蓄电池内部设置切断电流的安全装置。即使有压力阀，在使用过程中电池内压也有可能异常上升。这时安全阀释放气体，以防止蓄电池破裂。

6.1.3　分类

按照锂离子蓄电池正极材料的不同，车用锂离子动力蓄电池主要分为以下 3 类。

1. 锰酸锂蓄电池

结构稳定、合成性能好的锰酸锂是锂离子蓄电池常用的正极材料之一。其工作原理是充电时，锂离子从正极材料的晶格中脱出，通过电解液和隔膜嵌入负极；放电时，锂离子从负极脱出，通过电解液和隔膜嵌入正极材料晶格。其单体额定标称电压 3.7V，最高电压 4.2V，最低电压 2.75V；最大放电电流 18A，最大充电电流 5A。锰酸锂蓄电池成本较低，安全性能良好，循环寿命在 300 次以上。

2. 磷酸铁锂蓄电池

磷酸铁锂蓄电池以橄榄石结构的磷酸铁锂（$LiFePO_4$）作为电池的正极，石墨组成电池负极；由铝箔与电池正极连接，铜箔与电池负极连接，中间是聚合物的隔膜把正极和负极隔开。隔膜可以使锂离子通过却不让电子通过。磷酸铁锂蓄电池的标称电压为 3.2V，最高充电电压为 3.6V，最低放电电压是 2.0V；最大放电电流为 $5C{\sim}10C$，最大充电电流为 $1C{\sim}1.5C$；循环寿命在 2000 次以上。锂离子蓄电池型号由直径和高度组成，单位是 mm。如型号 18650 的磷酸铁锂蓄电池，表示直径为 18mm，高度为 650mm。该型号单体蓄电池容量在 1.1A·h 左右，因生产厂家和生产批次不同，容量会有一定的差异。

3. 三元锂离子蓄电池

三元锂离子蓄电池又称镍钴锰酸锂蓄电池，其融合了钴酸锂蓄电池和锰酸锂蓄电池的优点，使电池高温性能优越，循环寿命长，比容量高。其标称电压为 3.5V，循环寿命 500 次以上，是较好的动力蓄电池。缺点是钴材料价格高，使电池成本较高。

6.2 充放电特性

6.2.1 充放电原理（图6-4）

锂离子蓄电池充放电原理：当对电池进行充电时，电池的正极上有锂离子生成，生成的锂离子经过电解液运动到负极。而作为负极的碳呈层状结构，它有很多微孔，到达负极的锂离子就嵌入碳层的微孔中。嵌入的锂离子越多，充电容量越大。同样，当对电池进行放电时（即使用电池的过程），嵌在负极碳层中的锂离子脱出，又运动回正极。回到正极的锂离子越多，放电容量越大。

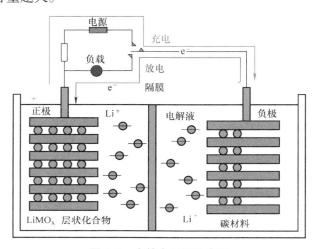

图6-4　充放电原理示意图

一般锂离子蓄电池的充电电流设定在 $0.2C$~$1C$，电流越大，充电越快，同时电池发热也越多。而且，过大的电流充电，会使电池容量不能够充满，因为电池内部的电化学反应需要时间。锂离子蓄电池不能过充电、过放电的原因如图6-5所示。

①放电时　锂离子不能全部移向正极，须保留一部分在负极，以保证下次充电时锂离子畅通地嵌入通道，保证电池的寿命。因此必须严格限制放电终止电压

②充电时　正极上的锂离子离开太多会造成晶型坍塌，使电池出现寿命终结状态

图6-5　锂离子蓄电池不能过充电和过放电的原因

由此可见锂离子蓄电池充放电控制，其精度要求相当高，既不能过充电，也不能过放电，否则就会影响蓄电池的寿命。

6.2.2 充放电性能曲线

锂离子蓄电池的充电过程分为预充电阶段、恒流充电阶段和恒压充电阶段三个阶段。预充电阶段是在电池电压低于3V时，电池不能承受大电流的充电，这时有必要以小电流对电池进行浮充；当电池电压达到3V时，电池可以承受大电流的充电了，这时应以恒定的大电流充电，以使锂离子快速均匀转移，这个电流值越大，对电池的充满及寿命越有利；当电池电压达到4.2V时，达到了电池承受电压的极限，这时应以4.2V的电压恒压充电，这时充电电流逐渐降低，当充电电流小于30mA时，电池即充满了。电池充满后要停止充电，否则电池将因过充电而降低寿命。恒压充电阶段要求电压控制精度为1%。依国家标准，锂离子电池要能在1C的充电电流下，可以循环充放电500次以上。锂离子蓄电池充电特性曲线如图6-6所示。

在整个放电过程中锂离子蓄电池的电压曲线可以分为三个阶段，如图6-7所示。

① 在初始阶段电池端电压快速下降，放电倍率越大，电压下降得越快。

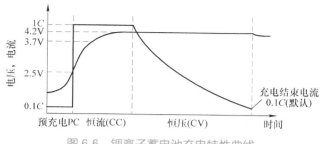

图 6-6　锂离子蓄电池充电特性曲线

② 电池电压进入一个缓慢变化的阶段，这段时间被称为电池的平台区，放电倍率越小，平台区持续的时间越长，平台电压越高，电压下降得越缓慢。

③ 在电池电量接近放完时，电池负载电压开始急剧下降直至达到放电截止电压。

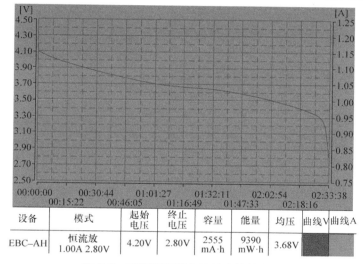

设备	模式	起始电压	终止电压	容量	能量	均压	曲线V	曲线A
EBC–AH	恒流放 1.00A 2.80V	4.20V	2.80V	2555 mA·h	9390 mW·h	3.68V		

图 6-7　某锂离子蓄电池放电特性曲线

6.3　动力蓄电池成组

无论是哪一种蓄电池，单体（节）蓄电池的容量和电压都不能满足汽车的实际需要，因此需要许多单体蓄电池成组使用成为动力蓄电池模块，装入箱体使用。动力蓄电池成组如图6-8所示。

6.3.1　动力蓄电池的成组方式

电动汽车动力蓄电池组由数千只单体蓄电池通过串联、并联和混联的方式组合而成。

1. 串联

电池采用串联方式通常是为了满足高电压的工作需要。电池串联使用时电池组电压为

图 6-8　动力蓄电池成组

单体电压的倍数。例如：燃油汽车使用的 12V 蓄电池，就是由 6 个单格电压为 2V 的蓄电池串联组合而成的。串联电池组的容量取决于所串联单体蓄电池中容量最低者。

2. 并联

电池采用并联方式通常是为了满足大电流的工作需要。电池组的容量为单体蓄电池容量的倍数，如 n 只电池并联，则容量便为单体蓄电池的 n 倍。电池组的标称电压为单体蓄电池的标称电压，若电池组单体蓄电池的电压不均匀，则电池组的额定电压取决于单体蓄电池中的电压最低者。并联电池组的内阻理论上为单体蓄电池的 $1/n$，但实际通常都大于这个数值。

3. 混联

一个电池组中既有串联又有并联的组合方式即为混联。混联是为了满足电池组既要高电压又要大电流的输出要求。在动力蓄电池混联组合方式中，是先串联后并联还是先并联后串联，需要根据电池组的实际需要决定。

电动汽车动力蓄电池组（图 6-9）是由数百只甚至上千只单体蓄电池通过串联或并联组合而成的，以满足高电压大电流的工作需求。

电动汽车动力蓄电池组（模块）所用的电池必须具有性能好、成本低、寿命长等特点，但是

图 6-9　动力蓄电池组

即使性能最好的电池，成组后也可能导致动力蓄电池组整体性能下降、寿命减少、安全性能变差。多个单体蓄电池（电芯）装在一个有电子监测和热控制的箱体内，箱体内还设有电池管理系统和与车辆其他部分的接口设施。电池组的生产从电芯上料开始，扫码、检测、清洗、分选到模块下料，总计经过 13 道工序，如图 6-10 所示。每个电池模块有独立的包装、热控制装置以及机械和电子设备。

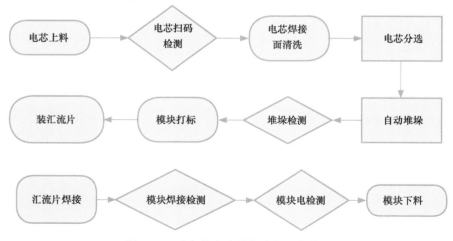

图 6-10　动力蓄电池模块生产工艺流程

6.3.2　电池管理系统（BMS）

BMS 通过检测动力蓄电池组中各单体蓄电池的状态来确定整个动力蓄电池组的状态。并根据该状态对动力蓄电池系统进行对应的控制和策略调整，实现对动力蓄电池系统及各单体蓄电池的充放电管理，以保证动力蓄电池系统的安全稳定运行。

1. 结构组成

BMS 主要分为主控模块和从控模块（图 6-11），通过内部 CAN 总线实现各模块之间及与外部设备的数据信息通信。基于各模块的功能，BMS 能实时监测动力蓄电池的电压、电流和温度等参数，实现对动力蓄电池的热管理、均衡管理、高压和绝缘检测，并且能够计算出动力蓄电池的剩余电量（SOC）、充放电功率和电池组的健康状况（SOH）。BMS 内部电路如图 6-12 所示。

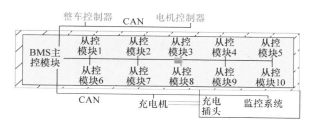

图 6-11 BMS 主控模块和从控模块

图 6-12 BMS 内部电路

2. 功能

BMS 主要有 5 项功能，如图 6-13 所示。

BMS 均衡有两种分类方式：一是按均衡控制电路结构分，分为集中式均衡和分布式均衡；二是按均衡控制方式分，分为主动均衡和被动均衡。其分类、优缺点和定义见表 6-1。

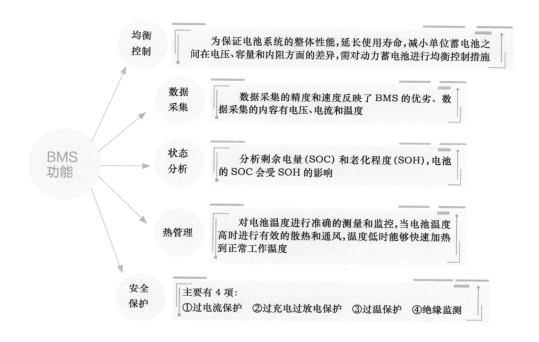

图 6-13 BMS 的功能

表 6-1　BMS 均衡分类、优缺点和定义

分类方式	名称	定义	优缺点
按均衡控制电路结构分	集中式均衡	电池组内所有的单体蓄电池共用一个均衡器进行均衡控制	通信简单直接，进行均衡控制的速度快，但线束排布复杂，不适合单体数量多的蓄电池系统
按均衡控制电路结构分	分布式均衡	一个或多个单体蓄电池专用一个均衡器	能够解决大量电池的线束排布问题，但成本高
按均衡控制方式分	主动均衡	又称非耗散型均衡，就是单体蓄电池之间的能量转移——将能量高的电池的能量转移到能量低的电池上进行均衡	效率高，结构复杂，成本高
按均衡控制方式分	被动均衡	耗散均衡，利用并联电阻的方式将能量高的单体蓄电池的能量消耗至其他单体蓄电池均衡的状态	成本低，容易实现，但易造成能量浪费

6.3.3　电池组的热管理

电动汽车使用的动力蓄电池在工作时会有发热现象，不同的蓄电池的发热程度各不相同。有的蓄电池采用自然通风就可以满足电池组的散热要求，有的蓄电池必须采用强制通风冷却或液体冷却，才能保证电池组正常的工作。另外，由于动力蓄电池组各处的散热条件和周围环境不同，对电池的充放电性能和使用寿命造成的影响也不同。为了保证每个单体蓄电池都能有良好的散热条件和工作环境，动力蓄电池组装在一个强制的冷却系统中，使各电池的温度都保持一致或相接近，便于动力蓄电池组整体性能的发挥和寿命的延长。根据动力蓄电池组在汽车上的布置要求，在设置温度管理系统时，应首先合理安排动力蓄电池组的支架，要求动力蓄电池组安装方便，能够实现机械化装卸，并便于各种线束的连接。动力蓄电池组的位置和形状确定后，再设计通风管道、风扇和温度传感器等。动力蓄电池组的水平排列式强制通风冷却系统如图 6-14 所示。

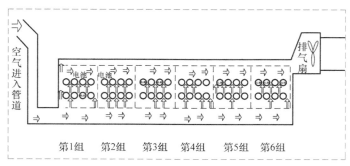

图 6-14　动力蓄电池组的水平排列式强制通风冷却系统

6.3.4　动力蓄电池的不一致性分析及改进措施

电池组的不一致性是指统一规格型号的单体蓄电池成组后，其电压、荷电量、容量及其衰退率、内阻及其变化率、寿命、温度影响、自放电率等参数存在着一定的差别。电动汽车动力蓄电池组长期工作在动态负载下，各单体蓄电池的散热条件不一致，会增加电池组内电池的不一致性。电池的自放电率和充放电率，会随着循环次数的增加而发生性能衰减，这也会增加电池组的不一致性。电池的过充电和过放电，则会更大程度地增加电池组的不一致性。

1. 不一致的类型

根据动力蓄电池不一致性扩大的原因和对动力蓄电池组性能的影响，可把电池的不一致分为容量不一致、电压不一致和温升不一致三种类型。

2. 改进措施

根据动力蓄电池应用经验和有关研究，从电池使用和成组筛选等方面，对电池的不一致性可采用以下几种措施，如图 6-15 所示，来避免电池的不一致性进一步扩大。

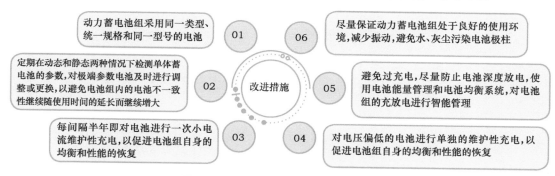

图 6-15　动力蓄电池不一致改进措施

6.4　动力蓄电池容量衰减

我国大力推广新能源汽车产业发展，但动力蓄电池经过一段时间的充放电循环，容量会大幅缩减，这个问题成为阻碍新能源汽车发展的瓶颈。对于理想的锂离子蓄电池系统，在其循环周期内容量均衡不发生改变，每次循环中的初始容量为一定值。实际上，现实情况却复杂得多。

6.4.1　导致动力蓄电池容量衰减的因素

任何能够产生或消耗锂离子或电子的副反应都可能导致电池容量平衡的改变，一旦电池的容量平衡状态发生变化，这种改变就是不可逆的，并且可以通过多次循环进行累积，对电池性能产生严重的影响。在锂离子动力蓄电池中，除了锂离子脱嵌时发生的氧化还原反应外，还存在着大量的副反应，如正负极过充电反应、电解液分解、自放电、活性物质溶解、金属锂沉积等，这些都会造成电池内容量平衡被破坏，导致锂离子蓄电池发生永久性容量损失。此外，低温环境等外在因素也会造成锂离子蓄电池容量暂时下降。单体蓄电池差异和 BMS 水平低也会导致电池容量衰减，如图 6-16 所示。

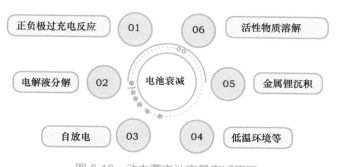

图 6-16　动力蓄电池容量衰减原因

由于 BMS 对动力蓄电池进行过充电和过放电保护，充电时电量最高的那串电池充满即停止充电，其他各串则无法充满；放电时电量最低的那串电池放完即停止放电，其他各串无法放完电。锂离子蓄电池的"虚电"（无法使用的电量）逐步增多，电池实际有效电量大大下降，致使电动汽车续驶里程持续下降。如果不能及时进行均衡，电量低的电池串放电深度越深，寿命就越容易缩短，甚至出现个别电池损坏的情况。但不少厂家对 BMS 均衡功能的重要性认识不足，并且基于成本上的考虑，并没有给 BMS 配置均衡功能，或者只是配置了简单的被动均衡功能，导致电池包各串电池之间出现差异后无法及时修复。动力蓄电池串如图 6-17 所示。

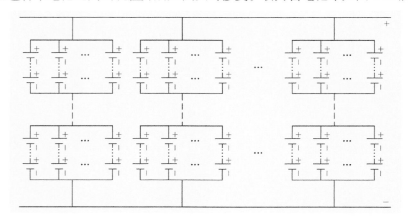

图 6-17 动力蓄电池串示意图

6.4.2 动力蓄电池均衡控制

从单体模型参数上分析，电池差异包括直流内阻存在的差异、极化电压存在的差异、动力蓄电池荷电状态 SOC 存在的差异和电池容量不一致存在的差异。四种差异曲线如图 6-18 所示。

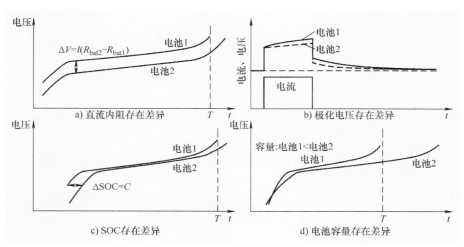

图 6-18 动力蓄电池的四种差异曲线

电池差异参数不一致，对动力蓄电池组造成的影响是：

① 降低电池组容量 / 能量利用率。

② 降低电池组最大功率水平。

③ 寿命缩短。

动力蓄电池差异参数不一致应采取的措施是均衡管理，对其进行衰减控制。

1. 均衡管理的原则

最大化整组电池可用容量，采取 SOC 顶端对齐方式，如图 6-19 所示。

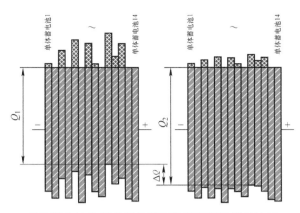

单体蓄电池均衡前后参数平均值和标准差的比较

	充电后静置电压 /V	放电后静置电压 /V	充电后 SOC（%）
均衡前平均值	4.104	3.812	92.2
均衡后平均值	4.120	3.570	96.6
均衡前标准差	0.047	0.107	9.3
均衡后标准差	0.025	0.131	3.6

图 6-19　均衡管理 SOC 顶端对齐

动力蓄电池均衡前单体蓄电池电压状态曲线如图 6-20 所示。

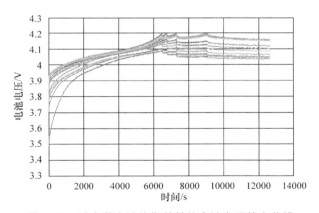

图 6-20　动力蓄电池均衡前单体电池电压状态曲线

动力蓄电池均衡后单体蓄电池电压状态曲线如图 6-21 所示。

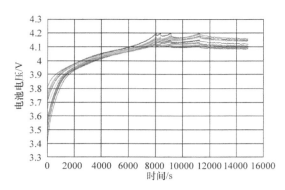

图 6-21　动力蓄电池均衡后单体蓄电池电压状态曲线

2. 电池组衰减控制考虑因素

① 单体蓄电池的状态估计有利于并联成分的支路电流预测，动力蓄电池串联环节中的并联成分应尽可能采用先串后并的方式。

② 串联的温度场分布不均匀是影响电池容量衰退差异性的重要因素，通过结合模块化的电池成组方式以及电池的热模型和生热散热条件，有助于分析不同温度应力水平下的电池老化路径和衰退程度的关系。

③ 均衡的效果由均衡器能力和电池组容量不一致的程度共同决定，通过先串后并的连接方式，可以了解到各个单体蓄电池的功率和荷电状态，再加上良好的均衡策略，非常有利于电池组性能的发挥。

④ 并联电池的优点是可以最大限度地发挥电池组的最大可用容量，当电池组的利用率被短板电池限制时，可以通过均衡、维护、更换等多个环节来优化先串后并的各基本模块的状态一致性。

6.5　动力蓄电池系统的内部组件

6.5.1　主要组成部件

动力蓄电池系统的主要组成部件有动力蓄电池箱体、动力蓄电池组、管理系统（BMS）和辅助元件，其实物图如图 6-22 所示，其结构分解图如图 6-23 所示。

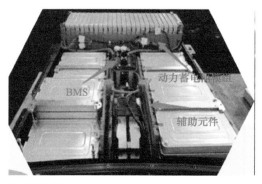

图 6-22　动力蓄电池系统实物图

动力蓄电池系统额定电压	单体蓄电池额定电压 × 单体蓄电池串联数，单位为 V
动力蓄电池系统总容量	单体蓄电池总容量 × 单体蓄电池并联数量，单位为 A·h
动力蓄电池系统总能量	动力蓄电池放电所做的功，单位为 W
能量密度	单位质量或单位体积储存的能量，单位为 W·h/kg 或 W·h/L

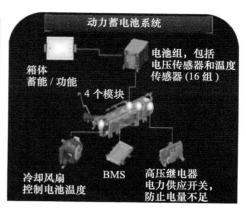

图 6-23　动力蓄电池系统结构分解图

6.5.2　辅助元件

动力蓄电池内部的辅助元件因单体蓄电池的属性材料不同而有所不同，下面以磷酸铁锂蓄电池和三元锂蓄电池为例，来讲讲内部的辅助元件。

1. 磷酸铁锂动力蓄电池辅助元件

磷酸铁锂动力蓄电池的辅助元件主要有主继电器、预充电继电器、预充电电阻、加热继电器、加热熔断器、电流传感器、高低压线缆、高低压插接件等。

（1）主继电器（图 6-24）

主继电器的作用是控制回路通断，包括正主继电器和负主继电器。正主继电器由 BMS 控制，负主继电器由整车控制器控制。

（2）预充电继电器和预充电电阻（图 6-25）

图 6-24　主继电器

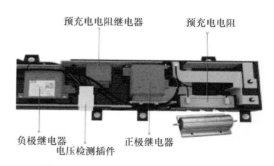

图 6-25　预充电继电器和预充电电阻

预充电继电器和预充电电阻由 BMS 控制其闭合或通断。在动力蓄电池供电初期，需要闭合预充电继电器，给各控制器进行小电流预充电，以使电容两端电压逐渐接近动力蓄电池总电压。

（3）加热继电器和加热熔断器（图 6-26）

由于磷酸铁锂动力蓄电池的低温性能较差，为防止低温时影响充放电效果，通过加热继电器和加热熔断器对动力蓄电池组加热。当充电或行车时，如果单体蓄电池温度低于设定的值，则 BMS 控制加热继电器闭合，通过加热熔断器接通加热膜电路。

（4）电流传感器

电流传感器用来监测充电、放电电流的大小。电流传感器采用无感分流器，当电流通过时在电阻两端形成毫伏级的电压信号，用来检测总电流。无感分流器主要是利用构造上的特点，将电流产生的磁场互相抵消。电流传感器实物如图6-27所示。

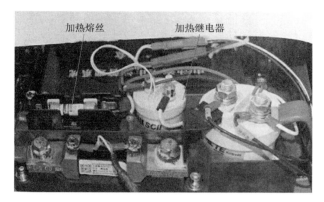

图6-26 加热继电器和加热熔断器

图6-27 电流传感器

（5）高压熔断器

对电动汽车实施保护的熔断器，必须是直流型的、能够快速开断的毫秒级产品，能在短路出现的瞬间迅速安全断开电路通道。电动汽车使用的高压熔断器主要由纯银（99.995%）熔断片、高强度阻燃型绝缘复合管体、导电连接端子和内部熄弧石英砂构成。在正常负载下，熔断银片是低电阻优良导体，仅消耗少量的电能便能够长期稳定工作。高压熔断器实物图如图6-28所示。

（6）高低压插接件

动力蓄电池通过实用可靠的高压插件（"总正""总负"）与高压控制盒相连接。低压插接件使低压线束、CAN总线与整车控制器或车载充电机相连接。高压插接件如图6-29所示。动力蓄电池接插件端子定义见表6-2。

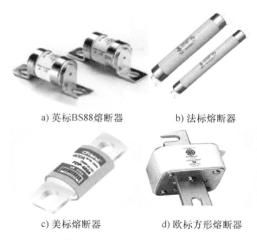

a) 英标BS88熔断器　　　b) 法标熔断器

c) 美标熔断器　　　d) 欧标方形熔断器

图6-28 高压熔断器实物图

图6-29 高压插接件

表 6-2　动力蓄电池接插件端子

	接插件名称	端子号	功能定义	线束走线	对应的接插件
	H1P	A	控制器输入 "−"	高压	HT2/A
	H1P	B	控制器输入 "+"	控制盒	HT2/B
	T17	A	12V 正极 BAT	低压熔丝盒	
		B	12V 负极 GND	搭铁点 100	
		C			
		D	12V 正极 BAT	低压熔丝盒	
		E	12V 负极 GND	低压熔丝盒	
		F	快充电连接确认	快充接口	CC2
		G	12V 正极 IG	低压熔丝盒	
	KLMNPTRS 端子接 CAN	H	12V 正极	快充接口	A+
		J	—	—	—

(左侧图示：HIP、HIP、T17)

2. 三元锂动力蓄电池组辅助元件

由于三元锂动力蓄电池低温性能稍好，能量密度大，动力蓄电池组内部无加热片和加热继电器等元件。三元锂动力蓄电池单体电压为 3.7V，比磷酸铁锂蓄电池高。三元锂动力蓄电池实物如图 6-30 所示。

图 6-30　三元锂动力蓄电池

三元锂动力蓄电池内设置继电器集成器（PRA），集成了总正继电器、总负继电器、预充电继电器、预充电电阻和电流传感器等元件，如图 6-31 所示。霍尔电流传感器实物及原理如图 6-32 所示。

图 6-31　继电器集成器

电流传感器用来监测充电电流和放电电流，采用的是霍尔传感器

霍尔传感器

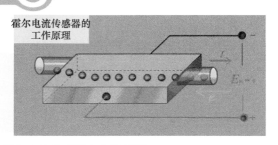

霍尔电流传感器的工作原理

图 6-32 霍尔电流传感器实物及原理

6.6 开关装置

6.6.1 维修开关（图 6-33）

维修开关全称是维修保养断开连接开关，俗称维修塞。维修开关一般串联在动力蓄电池组的中间部位，是保证电动汽车高压电气安全的关键部件，是实现紧急时刻高压系统电气隔离的执行部件。电动汽车动力蓄电池电压多在 300V 以上，为避免操作不当造成危险或损坏元器件，需要在动力蓄电池供电主电路上安装手动维修开关。在进行车辆动力蓄电池维护、高压系统保养维修、电动汽车出现紧急情况时，应及时断开维

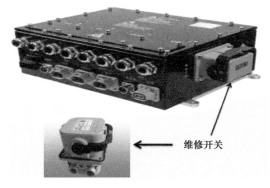

维修开关

图 6-33 维修开关

修开关。维修开关内部装有 250A 熔断器，有两套高压互锁信号。维修开关的防护等级为 IP55。

6.6.2 断电系统

电动汽车高压电系统电气断开部位有两处：一处是主继电器；另一处是维修保养断开连接开关。控制主继电器的软件有 3 部分：

① 钥匙 / 按钮。当电动汽车的钥匙 / 按钮开关切换至 OFF 档时，主继电器即会断开，高压线路被切断。

② 碰撞断电。当碰撞传感器识别到碰撞发生时，即通过电源管理系统控制 ECU 断开继电器切断高压回路。

③ 互锁装置激活切断信号。当高压互锁回路装置检测到存在高压部件开盖等危险情况时，通过电源管理系统控制 ECU 断开主继电器，切断高压回路。

由此可知通过手动操作断开高压电的方式有两种：

① 操作钥匙 / 按钮开关切换至 OFF 档，这种方式最为常用。

② 操作维修开关。只有在车辆维修、存在漏电危险等特殊情况下，才使用维修开关。

6.6.3 技术要求

1. 维修开关的位置设计要求

维修开关的电气部位设置一般有两种：

① 位于高压电源的正极，如图 6-34 所示。这种设置在电池正极与紧急维修开关之间有一段电路，此段电路应处于人体不能接触到的区域。

② 设置在动力蓄电池组中间，如图 6-35 所示。

作为高压安全部件，维修开关的操作部位应长期保持密封干燥，不易接触到水、潮气，并有适当的隔离物进行隔离。维修开关一般布置在行李箱内明显位置，或后排座椅下方中间位置。具体位置因车型不同而有所不同。比亚迪 e6 维修开关如图 6-36 所示。

图 6-34　维修开关设置在高压电源的正极

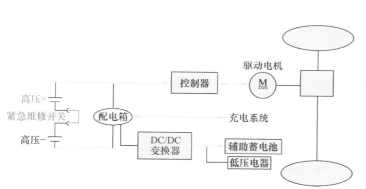

图 6-35　维修开关设置在动力蓄电池组中间

图 6-36　比亚迪 e6 维修开关

2. 维修开关操作要求

① 只有在车辆高压部分维修、漏电报警等特殊情况下使用。

② 应由受过培训的专业人员进行。

③ 操作时必须穿戴绝缘手套等防护用品。

④ 拔下维修开关后必须妥善保管，直至检修完毕。

⑤ 拔下维修开关后必须等待 10min 后方可进行高压部分维修操作。

模块三

电驱动系统

第 7 章　电机驱动系统

电动汽车的驱动系统把电能转化为机械能，并通过传动装置（或直接）将能量传递到车轮，驱动车辆按照驾驶人的意志行驶，是电动汽车的关键系统之一。电机驱动系统可以在驾驶人操纵控制下将动力蓄电池的电能转化为车轮的动能驱动车辆行驶，也可以在车辆制动时将车辆的动能转化为电能反馈储存到动力蓄电池中，即再生制动。为了满足电动汽车的动力性、经济性，电机驱动系统应具有图 7-1 所示的几个特点。

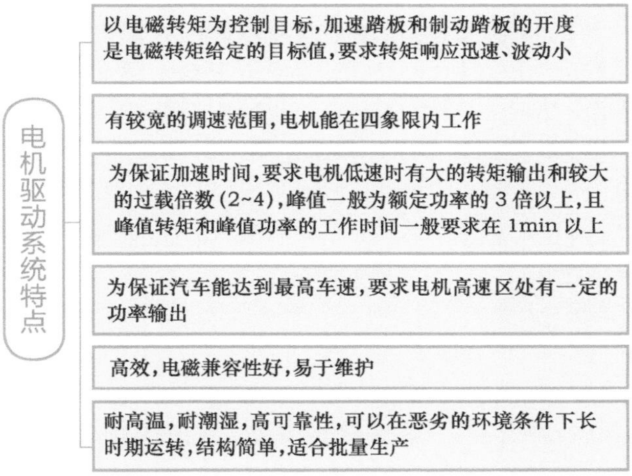

电机驱动系统特点
以电磁转矩为控制目标，加速踏板和制动踏板的开度是电磁转矩给定的目标值，要求转矩响应迅速、波动小
有较宽的调速范围，电机能在四象限内工作
为保证加速时间，要求电机低速时有大的转矩输出和较大的过载倍数（2~4），峰值一般为额定功率的 3 倍以上，且峰值转矩和峰值功率的工作时间一般要求在 1min 以上
为保证汽车能达到最高车速，要求电机高速区处有一定的功率输出
高效，电磁兼容性好，易于维护
耐高温，耐潮湿，高可靠性，可以在恶劣的环境条件下长时期运转，结构简单，适合批量生产

图 7-1　电动汽车电机驱动系统的特点

7.1　驱动系统的类型

按照动力驱动形式的不同，电动汽车电机驱动系统可分为集中式驱动系统和分布式驱动系统两大类；按电机所用的电源不同，又可分为直流电机驱动系统和交流电机驱动系统。直流电机驱动系统是由直流电源供给电机的驱动系统，交流电机驱动系统是由交流电源供给电机的驱动系统。

7.1.1　集中式驱动系统（图 7-2 和图 7-3）

集中式驱动系统是在控制器的作用下，直接将动力蓄电池的直流电经简单 IGBT 控制直接用以驱动车辆的直流电机，由驱动电机及减速装置、电机控制器、高低压线束等组成。集中式驱动系统是在燃油汽车传动装置的基础上改装而来的，具有结构简单，控制、维修作业方便等特点，但传动效率较低。

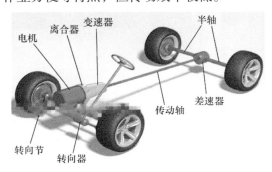

变速器
离合器
电机
半轴
差速器
传动轴
转向节
转向器

图 7-2　集中式驱动系统后驱车

DC/DC
变换器
仪表
驾驶人
储能系统
整车控制器
电机控制器

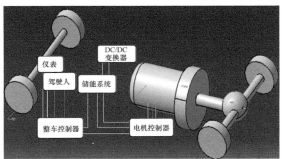

图 7-3　集中式驱动系统前驱车

集中式驱动系统又可分为传统集中式、无变速器集中式和集成集中式三种形式。

1. 传统集中式驱动系统（图7-4）

早期的纯电动汽车多是在燃油汽车的基础上改装而来的，利用驱动电机代替发动机，离合器、变速器、差速器等均以保留。

2. 无变速器集中驱动系统（图7-5）

驱动电机能够在较宽的速度范围内提供相对恒定的功率，无变速器集中驱动系统是用一个固定传动比的减速器替代传统集中驱动系统中的多级变速器，同时省去离合器，即发展成无变速器的传动形式。这种传动系统一方面可以减小机械传动结构的重量和体积，另一方面可以降低由于换档所带来的控制难度。

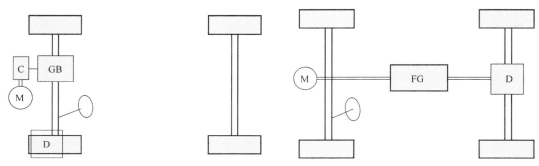

图7-4　传统集中式驱动系统　　　　　　　　图7-5　无变速器集中驱动系统

M—驱动电机　C—离合器　GB—变速器　D—差速器　　M—驱动电机　FG—固定传动比变速器　D—差速器

3. 集成集中式驱动系统（图7-6）

集成集中式驱动系统与无变速器集中驱动系统类似，但减速器和差速器被进一步整合成一体，整个驱动系统被大大简化和集成。此布置方式需要配备低速大转矩和速度变化范围大的驱动电机。集成集中式驱动电机与变速器实物如图7-7所示。

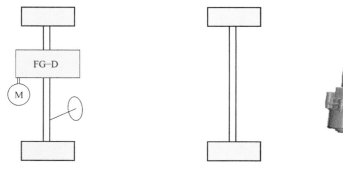

图7-6　集成集中式驱动系统　　　　　　　図7-7　集中式驱动电机与变速器实物图

M—驱动电机　FG—固定传动比变速器　D—差速器

7.1.2　分布式驱动系统

分布式驱动系统相比集中式驱动系统具有结构紧凑、质量小、传动效率高等优点，从而提高了电动汽车的动力性，增加了其续驶里程等。分布式驱动系统分为轮边电机驱动式和轮毂电机驱动式两种。

1. 轮边电机驱动系统

轮边电机驱动系统分为轮边减速式驱动系统和轮边直连式驱动系统。

（1）轮边减速式驱动系统

轮边减速式驱动系统是在集中式驱动系统的基础上，差速器被两个独立的驱动电机所替代，即轮边驱动无差速器的传动形式，减速器依然保留，每个驱动电机单独完成一侧车轮的驱动任务。在车辆进行曲线行驶时，两侧的电机分别工作在不同的转速下。轮边减速式驱动系统的布置形式如图 7-8 所示。

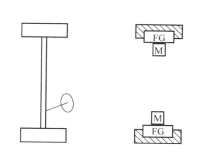

图 7-8 轮边减速式驱动系统

M—驱动电机 FG—固定传动比变速器

（2）轮边直连式驱动系统

轮边直连式驱动系统是用一个单排的行星轮代替轮边减速式驱动系统中的减速器，能提供良好的减速比和线性的输入/输出特性，从而达到减小转速和增大转矩的目的。轮边直连式驱动系统的布置形式如图 7-9 和图 7-10 所示。

图 7-9 轮边直连式驱动系统布置形式示意图

M—驱动电机 FG—固定传动比变速器

图 7-10 轮边直连式驱动系统结构分解图

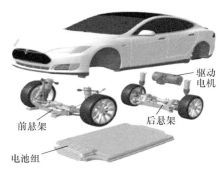

2. 轮毂电机驱动系统（图 7-11）

轮毂电机驱动系统是将电机直接安装于车轮内，可以有效改善轮边电机驱动系统带来的电机与独立悬架在有限空间内的布置困难、电动汽车底部的空气阻力大及通过性差等缺点。另外轮毂电机驱动系统不仅省略了大量传动部件，而且可以实现多种复杂的驱动方式。

轮毂电机驱动系统包括内转子轮毂电机驱动系统和外转子轮毂电机驱动系统。

（1）内转子轮毂电机驱动系统（图 7-12）

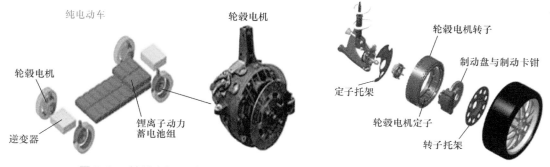

图 7-11 轮毂电机驱动系统

图 7-12 内转子轮毂电机驱动系统示意图

内转子轮毂电机驱动系统是将内转子电机装在车轮的轮辋内，且带有减速机构。这种驱动系统允许电机在高速下运行，可采用普通的内转子高速电机，电机的最高转速可以设计在 4000~20 000r/min，可以获得较高的比功率，而对电机的其他性能没有特殊要求。内转子电机的输出轴通过减速机构与车轮驱动轴连接，使电机轴承不直接承受车轮与路面的载荷作用，改善了轴承的工作条件；减速机构采用固定传动比行星轮减速器，使系统具有较大的调速范围和输出转矩，起到减速和增矩的作用，从而保证电动汽车在低速时能够获得足够大的转矩，同时也解决了在车轮尺寸有限的情况下由电机性能引起的电机尺寸大而难以布置的问题。

　　日本 KAZ 纯电动汽车采用的就是内转子轮毂电机驱动系统。

　　（2）外转子轮毂电机驱动系统

　　外转子轮毂电机驱动系统是将外转子电机直接安装在车轮的轮辋内，中间无须采用减速机构，直接驱动车轮转动，从而带动汽车行驶。此系统具有结构紧凑、效率较高、比功率高、响应速度快等优点。电动汽车在起步及加速时需要较大的转矩，即安装在车轮上的外转子轮毂电机在这些行驶模式下必须能提供大转矩，以满足整车的动力性需求。外转子轮毂电机必须具有很宽的转矩和转速调节范围，驱动系统中未采用中间减速机构，以使汽车具有较好的操纵性。由于外转子轮毂电机工作时会产生一定的冲击振动，要求车轮轮辋和车轮必须坚固可靠，同时由于非簧载质量加大，要保证车辆的舒适性，就必须对悬架系统弹性元件和阻尼元件进行重新优化设计，如图 7-13 所示。此电机输出转矩和功率也受到车轮尺寸的限制。

　　（3）轮毂电机技术的优点（图 7-14）

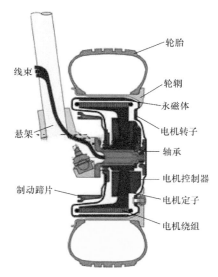

图 7-13　外转子轮毂电机示意图

①更方便的底盘布置	由于采用了电动轮驱动的形式，汽车底盘的布置将更加灵活，省去了机械传动系统之后，汽车车厢具有更大的空间，底盘的设计具有更大的通用性。
②更灵活的供电系统	电动汽车的供电系统更加灵活，无论是采用燃料电池、超级电容、蓄电池还是它们的组合形式，都将更加灵活而不受限制，动力传动形式也由原来的机械硬连接变为只需要电缆进行供电的软连接形式。
③更好的汽车底盘主动控制性能	在采用轮毂电机驱动形式的电动汽车中，汽车的电动轮是可以独立控制的，汽车底盘的主动控制通过对驱动电机的控制实现。电机的控制响应快、精度高，并且每个驱动轮由各自的控制器控制，可以实现底盘主动控制的功能。如果能在四轮中均采用轮毂电机，则可以实现最理想的控制效果。
④最优的驱动力分配	因为驱动轮（2 个或者 4 个）的驱动力是可以单独调节的，所以通过分析驱动轮的转矩利用效率，可选择最经济的驱动方式。

图 7-14　轮毂电机优点

7.1.3　常用的电机驱动系统

　　当前电动汽车常用的电机驱动系统有四种：

　　① 直流电机（DC Motor）驱动系统：电机控制器一般采用脉宽调制（PWM）斩波控制方式。

　　② 交流感应电机（ACM）驱动系统：电机控制器采用 PWM 方式实现高压直流到三相

交流的电源变换，采用变频调速方式实现电机调速，采用矢量控制或直接转矩控制策略实现电机转矩控制的快速响应。

③ 永磁同步电机（PMSM）驱动系统：包括正弦波永磁同步电机及控制系统和矩形波无刷直流电机及控制系统。正弦波永磁同步电机及控制系统具有低速转矩脉动小、高速恒功率区调速稳定的特点被广泛采用，如图 7-15 所示。

④ 开关磁阻电机系统：是一种机电一体化节能型调速电机系统。它由开关磁阻电机、功率变换器及控制器组成。与传统的直流/交流电机调速系统比较，其优点如图 7-16 所示。

图 7-15 永磁同步电机驱动系统

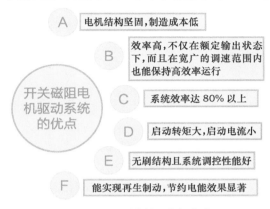

开关磁阻电机驱动系统的优点

A 电机结构坚固，制造成本低

B 效率高，不仅在额定输出状态下，而且在宽广的调速范围内也能保持高效率运行

C 系统效率达 80% 以上

D 启动转矩大，启动电流小

E 无刷结构且系统调控性能好

F 能实现再生制动，节约电能效果显著

图 7-16 开关磁阻电机优点

7.2 驱动电机传感器

在电动汽车驱动电机上一般安装有测量电机的温度传感器和测量转子的转速转角传感器。

7.2.1 温度传感器（图 7-17）

电机温度传感器的作用是检测电机定子绕组的温度并提供散热风扇起动信号，一般为热敏电阻型，即温度在 0℃时阻值为 100Ω，温度每增加 1℃，阻值增加 3.8Ω。

7.2.2 转速转角传感器

在测量驱动电机的转速转角方面，有旋转变压器（也有称为解析器的）、霍尔传感器、光电式传感器等。

1. 旋转变压器

旋转变压器（Resolver/Transformer）安装在驱动电机

图 7-17 电机温度传感器

上，用来测量旋转物体的转轴角位移和角速度。旋转变压器是一种电磁式传感器，与普通变压器一样，由一次绕组和二次绕组及相应的铁心组成。

（1）结构

旋转变压器主要由转子、定子、线圈及端子保护罩等组成，如图 7-18 所示。传感器定子线圈由励磁、正弦、余弦三组线圈组成。

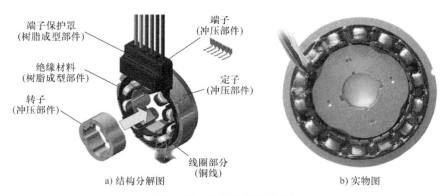

a) 结构分解图

b) 实物图

图 7-18　旋转变压器的结构

（2）优点

旋转变压器具有很高的可靠性和足够高的精度，在许多场合不可代替。

（3）工作原理

旋转变压器由定子和转子组成。其中定子（图 7-19 中 1 侧）绕组作为变压器的原边，接受励磁电压，转子（图 7-19 中 2 侧）绕组作为变压器的副边，通过电磁耦合得到感应电压。

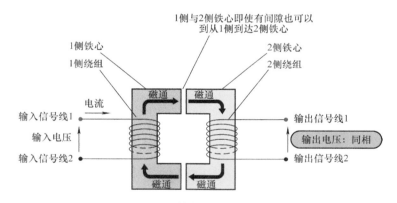

图 7-19　旋转变压器示意图

（4）旋转变压器与输出电压的关系

旋转变压器与输出电压的关系如图 7-20a~d 所示。

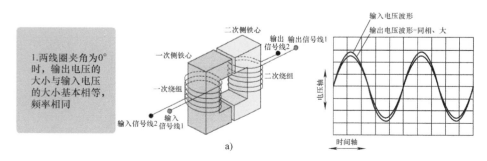

图 7-20　旋转变压器与输出电压的关系

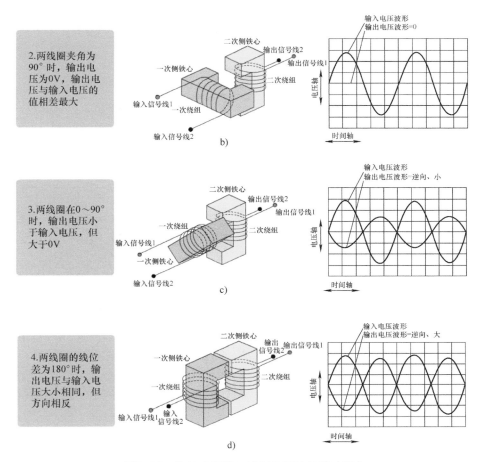

2. 两线圈夹角为90°时，输出电压为0V，输出电压与输入电压的值相差最大

3. 两线圈在0～90°时，输出电压小于输入电压，但大于0V

4. 两线圈的线位差为180°时，输出电压与输入电压大小相同，但方向相反

图 7-20　旋转变压器与输出电压的关系（续）

2. 霍尔式传感器（图 7-21）

霍尔式转速传感器是小型封闭式转速传感器，通过联轴节与与被测轴连接，当转轴旋转时，将转角转换成电脉冲信号。其原理是当磁力线穿过传感器上的感应元件时产生霍尔电势信号，经过霍尔芯片的放大整形后供仪表、控制器等使用。该传感器体积小，结构简单，无触点，启动力矩小，使用寿命长，可靠性高，频率特性好，并可进行连续测量。

霍尔效应是固体材料中的载流子在外加磁场中运动时，因为受到洛仑兹力的作用而使轨迹发生偏移，并在材料两侧产生电荷积累，形成垂直于电流方向的电场，最终使载流子受到

图 7-21　霍尔式传感器实物图

的洛仑兹力与电场斥力相平衡，从而在两侧建立起一个稳定的电势差，即霍尔电压。

（1）分类

按输出的信号不同，霍尔传感器分为线性型霍尔传感器和开关型霍尔传感器（图 7-22）。

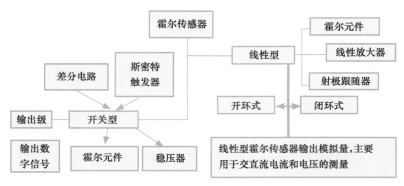

图 7-22　霍尔传感器

① 线性型霍尔传感器。线性型霍尔传感器由霍尔元件、线性放大器和射极跟随器组成，它输出模拟量。线性霍尔传感器又可分为开环式和闭环式。闭环式霍尔传感器又称零磁通霍尔传感器。线性霍尔传感器主要用于交直流电流和电压的测量。

② 开关型霍尔传感器。开关型霍尔传感器由稳压器、霍尔元件、差分电路、斯密特触发器和输出级组成，它输出数字信号。其中 BOP 为工作点"开"的磁感应强度，BRP 为释放点"关"的磁感应强度。当外加的磁感应强度超过动作点 BOP 时，传感器输出低电平，当磁感应强度降到动作点 BOP 以下时，传感器输出电平不变，一直要降到释放点 BRP 时，传感器才由低电平跃变为高电平。BOP 与 BRP 之间的滞后使开关动作更为可靠。开关型霍尔传感器还有一种特殊的形式，称为锁键型霍尔传感器。当磁感应强度超过动作点 BOP 时，传感器输出由高电平跃变为低电平，而在外磁场撤消后，其输出状态保持不变（即锁存状态），必须施加反向磁感应强度达到 BRP 时，电平才发生变化。

（2）应用

当霍尔元件用于输出数字信号时，例如转角位置传感器或转速传感器，必须首先改变电路。霍尔元件与微分放大器连接，微分放大器与施密特触发器连接。在这种配置中，传感器输出一个开 / 关的信号。其结构是在旋转物体上粘一块小磁钢，传感器固定在离磁钢一定距离内，对准磁钢 S 极即可进行测量。当磁力线穿过传感器上的感应元件时产生霍尔电势信号，该信号经过霍尔芯片的放大整形后，形成电信号供电机控制器和仪表等使用。

3. 光电式传感器

光电式传感器是用光电方法把被测角位移转换成以数字代码形式表示的电信号的转换部件。

（1）结构

光电传感器通常由三部分构成：发送器、接收器和检测电路。

发射器带一个校准镜头，将光聚焦射向接收器，接收器通过电缆将这套装置接到一个真空管放大器上。金属圆筒内的一个小的白炽灯作为光源，这些小而坚固的白炽灯传感器就是如今光电传感器的雏形。接收器由光电二极管、光电三极管和光电池组成。光电二极管是现在最常见的传感器。光电传感器中光电二极管的外形与一般二极管一样，只是它的管壳上开有一个嵌着玻璃的窗口，以便光线射入。为增加受光面积，PN 结的面积做得较大，光电二极管工作在反向偏置的工作状态下，并与负载电阻相串联。当无光照时，它与普通二极管一样，反向电流很小，称为光电二极管的暗电流；当有光照时，载流子被激发，产生电子 - 空穴，称为光电载流子。

此外，光电传感器中还有发射板和光导纤维。角反射板是结构牢固的发射装置，它由很小的三角锥体反射材料组成，能够使光束准确地从反射板中返回。它可以在与光轴夹角为 0°~25° 的范围内改变发射角，使光束几乎是从一根发射线反射，然后仍从这根反射线返回。

（2）工作原理（图 7-23）

其工作原理是：由光源发出的光线，经柱面镜变成一束平行光或汇聚光，射到码盘上；码盘由光学玻璃制成，其上刻有许多同心码道，每位码道上都有按一定规律排列着的若干透光和不透光部分，即亮区和暗区；通过亮区的光线经狭缝后，形成一束很窄的光束照射在光电元件上，光电元件的排列与码道一一对应。

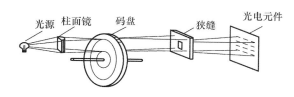

图 7-23　光电式传感器的工作原理

当有光照射时，对应于亮区和暗区的光电元件的输出信号相反，例如前者为 "1"，后者为 "0"。光电元件的各种信号组合，反映出按一定规律编码的数字量，代表了码盘轴转角的大小。由此可见，码盘在传感器中是将轴的转角转换成代码输出的主要元件。

7.3　驱动电机控制器

驱动电机控制器是电动汽车行驶系统中主要的控制机构，是电动汽车的重要部件，是电动汽车三大电（电池、电机和电控）的核心部件之一，其性能将影响汽车主要的性能指标。电动汽车的驱动电机控制器可根据变速杆位置（前进、后退、空档、高速、低速）、加速踏板、制动器、动力蓄电池剩余电量等信息，确定驱动电机的转速和转矩指令，从而控制驱动电机的运行。这实际上就是控制系统按照各信息计算出来的指令数据，提供给驱动电机转矩所需要的电流。驱动电机控制器工作示意图如图 7-24 所示。

电机控制器由逆变器和变频器两部分组成，是电动汽车驱动系统中的核心部件。尤其在双电机驱动系统或轮毂电机驱动系统中，每一台电机均有对应的电机控制器进行管理。

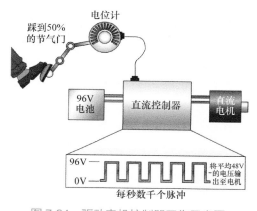

图 7-24　驱动电机控制器工作示意图

一般电机控制器是一个安装在车辆前舱内的、内部有高低压电路及电子元件的电器控制盒。不同车型的电机控制器的外形特征和安装位置有所不同，但内部电子元件和工作原理基本一样。驱动电机控制器工作过程如图 7-25 所示。

图 7-25　驱动电机控制器工作过程示意图

7.3.1 驱动电机控制器的作用（图 7-26）

电机控制器的作用是将动力蓄电池的直流电，变换成驱动电机所需的三相电，并能够实时控制驱动电机的电流电压，从而控制驱动电机的转矩和转速。根据 GB/T 18488.1—2015《电动汽车用驱动电机系统 第 1 部分：技术条件》对电机控制器的定义，电机控制器就是控制主牵引电源与电机之间能量传输的装

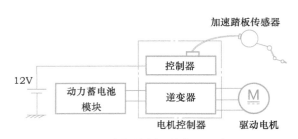

图 7-26 电机控制器的作用示意图

置，由外界控制信号接口电路、电机控制电路和驱动电路组成。电机、驱动器和电机控制器作为电动汽车的主要部件，在电动汽车整车系统中起着非常重要的作用。

7.3.2 驱动电机控制器的工作原理

控制器由低压 12V 供电，主要完成运算、存储、为传感器提供电源和接收传感器的输入信号，将运算结果转变为电信号放大后经驱动电路输送到逆变器起控制 IGBT 的作用，这与传统燃油汽车的发动机控制器所起的作用类似。

逆变器内部由 6 个 IGBT 模块组成，驱动电机定子线圈由三相绕组组成，每一相线圈和正负高压直流电母线之间各连接一个 IGBT 功率模块。连接高压电正极母线的 IGBT 与输出端节点为上桥臂，连接高压电负极母线的 IGBT 与输出端节点为下桥臂，每一相上下桥臂统称为半桥。6 个 IGBT 模块的序号为 IGBT1~IGBT6。为了能够将动力蓄电池的直流电转变为驱动电机的三相脉动交流电，6 个 IGBT 模块在控制器的信号驱动下，依次间隔 60°顺序导通或关断，三相绕组的相位差为 120°。每一相间隔 120°。高压电的循环输出在驱动电机定子绕组中产生循环旋转磁场，驱动电机转子旋转并对外做功。驱动电机控制器的工作原理如图 7-27a、b 所示。

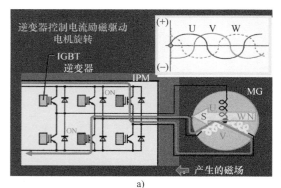

a)

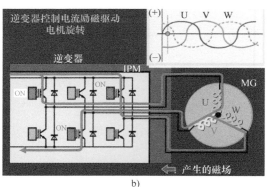

b)

图 7-27 驱动电机控制器工作原理

当车辆进行制动能量回收时，驱动电机工作于发电状态，电机控制器根据电池允许的最大充电电流，通过控制 IGBT 模块使"发电机"（驱动电机）定子线圈磁场的旋转角速度与转子转速，以保持发电电流不超过最大充电电流，同时控制车辆的减速度。驱动电机控制器制动能量回收原理如图 7-28 所示。

7.3.3　电动汽车对驱动电机控制系统的要求

电动汽车在实际行驶过程中工况复杂，不但要适应各种气候所带来的影响，而且还要承受不同运行工况的安全性考验，以保证驾乘人员的舒适性和安全性。驱动电机控制系统是电动汽车的核心部件，其性能直接影响整车的行车性能，因此必须满足以下几点要求，如图7-29所示。

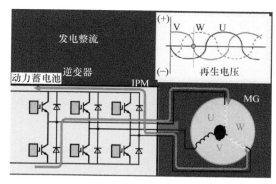

图 7-28　制动能量回收原理图

①要有优良的转矩控制特性，可满足汽车频繁的起动、停车、加速、减速、低速大转矩爬坡、高速小转矩恒功率运行等工况

②要有较宽的调速范围，并且能够高效率运行

③在起动和加速时能提供较大的起动转矩和输出功率，在平稳运行时要求有较高的工作效率

④能够再生制动能量回收，实现对电池能量的回馈，以增加电动汽车的续驶里程

⑤符合车辆电气系统的安全标准

图 7-29　电动汽车对电机控制系统的要求

7.3.4　驱动电机控制器的类型

电动汽车驱动电机控制器按常用的电机类型分类如图7-30所示。

1. 直流电机控制器

直流电动机控制器一般采用脉宽调制（PWM）斩波控制方式，控制技术简单、成熟，成本低，但效率低，体积大，主要包括串励式和他励式两种。

图 7-30　驱动电机控制器分类

① 串励式直流电机的励磁绕组与电枢绕组串联，励磁电流与电枢电流相等，如图7-31所示。

② 串励式直流电机具有电流和转速随转矩变化而变化的软机械特性，如图7-32所示。

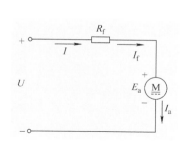

图 7-31　串励式直流电机及控制器

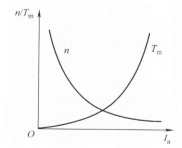

图 7-32　串励式直流电机的软机械特性曲线图

串励式直流电机的控制器在接收到加速踏板等信号后，采用斩波器利用脉冲宽度调制（Pulse Width Modulation，PWM）进行电压控制，从而控制电机的驱动。其基本原理是在直流电源电压基本不变的情况下，通过控制信号改变功率器件的导通和断开时间的长短，使施加在电动机端子间的电压脉冲宽度发生变化，从而达到调节电机转矩和转速的目的。随

着全控型功率开关技术的发展，脉宽调制技术在直流电机驱动系统中得到广泛的应用。

③ 他励式直流电机及控制器（图 7-33）由其独立的电源供给控制，与电枢绕组之间没有任何电的联系。

他励式直流电机具有在转矩变化时转速变化不大的硬机械特性。他励式直流电机的控制器在接收到加速踏板等的信号后，分别控制输入电机的电枢电流和磁场电流来控制电机的转速和转矩。他励式直流电机控制器实物如图 7-34 所示。

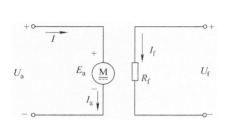

图 7-33　他励式直流电机及控制器　　　　图 7-34　他励式直流电机控制器实物

他励式直流驱动电机控制器的基本控制原理如图 7-35 所示，主要是通过矢量控制模拟工作特性。由于其励磁绕组与电枢绕组所产生的磁场在空间上是互相垂直的，在不考虑电机电枢反应的情况下，两个磁场不会互相交链。在进行调速时，通过保持磁场恒定、改变电枢电压来线性地调节电机转速。在达到最大限制电压之后，可以通过减弱磁场强度来提高电机转速。矢量控制方法精度高，具有良好的动态性能，能够很好地满足电动汽车在不同工况下对稳定性的要求。

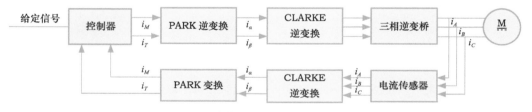

图 7-35　他励式直流驱动电机控制器的控制原理

目前，他励式直流驱动电机控制器可以为电机提供平滑的无级调速控制和正反转控制，使电机不仅拥有与串励电机相媲美的低速大转矩及高速性能，同时可以实现电机的能量回馈制动，使制动能量高效回收，增加续驶里程，提高车辆的操控性能和安全性能。它采用高频电力电子技术，并由高性能的微处理器进行控制，使电机具有平滑、无噪声、高效率的运行性能，同时减少了电池的损耗。通过手持式编程器或计算机（USB 接口）可以直观方便地对各种参数进行读取和设置，以满足不同地形对车辆操控性能的要求。例如在车辆下坡行驶时，具有下坡限速功能，防止车辆超速，提高了安全性能；在车辆上坡行驶时，防倒滑功能提高了安全性能和车辆控制性能。另外它具有全面的故障检测和保护功能，可采用蜂鸣器提示各种故障，方便检修、测试和诊断。

2. 交流电机控制器

交流电机控制器采用 PWM 方式实现高压直流到三相交流的电源变换，采用变频调速方式实现电机调速，采用矢量控制或直接转矩控制策略实现电机转矩控制的快速响应。交流电机控制器分为交流感应电机控制器和交流永磁电机控制器。

（1）交流感应电机控制器

交流感应电机的特点是：坚固耐用，成本低，运行可靠，转矩脉动小。它较早地应用于电动汽车驱动电机控制系统，且目前仍是主流产品。其控制方式如图 7-36 所示。

① 恒定压频比（V/F）控制是通过采用定子电压和频率协调控制方法维持气隙磁通恒定，当电机向低于额定转速方向调速时，机械特性属于恒转矩调速；当电机向高于额定转速方向调速时，机械特性属于恒功率调速。但在频率较低时，定子阻抗压降比例增大，必须进行电压补偿，以维持气隙磁通恒定。恒压频比控制方法简单，适合于对系统调速性能要求不高的场合。

图 7-36 交流感应电机控制器的控制方式

② 转差频率控制的原理如图 7-37 所示。在保持气隙磁通不变、转差率 s 较小的稳态情况下，感应电机的转矩近似与转差角频率成正比，通过控制转差频率即可控制感应电机的转矩。转差频率控制的前提是电机保持气隙磁通恒定，而实际电机在工作过程中气隙磁通很难维持恒定，转差频率控制定子电流的幅值，控制精度有所不足。

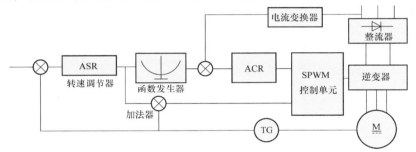

图 7-37 转差频率控制的原理

③ 矢量控制（VC）是基于感应电机的动态模型的高性能的调速方案，将感应电机等效成直流电机控制，通过一系列的坐标变换，将感应电机三相定子电流解耦成励磁电流和转矩电流的分量，实现对磁通和转矩的独立控制，从而达到与他励式直流电机一样的调速控制性能。矢量控制能够很好地实现对电机的动态控制，控制精度高，转矩脉动小，能够很好地满足电动汽车在不同工况稳定性要求，是目前电动汽车驱动控制技术的主流。

④ 直接转矩控制（DTC）是根据给定的电磁转矩指令，与交流电机的实际转矩观测值相比较得到转矩差，来确定转矩调节的方向，然后根据定子磁链的大小与相位角选择合适的定子电压矢量空间，从而确定三相电压源逆变器的开关状态，使交流感应电机的电磁转矩跟踪外部给定的电磁转矩指令值。直接转矩控制在车辆加减速或负载变化过程中，可以获得快速的转矩响应，但在电机低速运行时转矩脉动大、整车的低速舒适性稍差。

（2）交流永磁电机驱动控制器

交流永磁电机驱动控制器包括正弦波永磁同步电机驱动系统和梯形波无刷直流电机驱动系统，其中正弦波永磁同步电机控制器采用 PWM 方式实现高压直流到三相交流的电源变换，采用变频调速方式实现电机调速；梯形波无刷直流电机控制器通常采用"弱磁调速"方式实现电机的控制。正弦波永磁同步电机驱动系统低速转矩脉动小且高速恒功率区调速更稳定，因此比梯形波无刷直流电机驱动系统具有更好的应用前景。

驱动电机控制器的控制部分包括 DSP 控制电路，电压、电流、温度、转速的检测电路；

故障与保护电路，开关量输入/输出电路，模拟量输入/输出电路、485/CAN 总线通信电路和操作器电路，其硬件结构如图 7-38 和图 7-39 所示。

控制器需满足控制负载、供电电源和使用环境等要求：

① 负载参数要求，负载额定功率 P、额定电压 U、额定电流 I 和过载倍数 k 等。

② 电源参数要求：额定电压及变化范围。

③ 其他要求：工作环境条件、结构尺寸限制等。

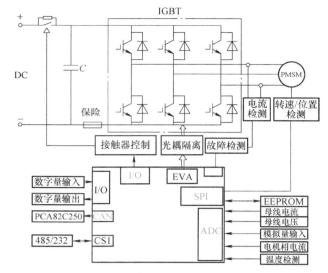

图 7-38 驱动电机控制器的硬件结构

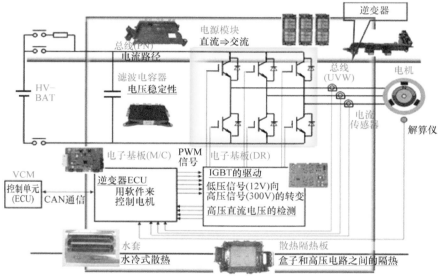

(电路布置和逆变器功能)

图 7-39 驱动电机控制器电路图

（3）开关磁阻控制器

开关磁阻电机（Switched Reluctance Motor，SRM）在四象限运行，功率变换器所使用的晶闸管或晶体管的开关数是最少的，电机控制系统成本明显低于同容量的异步电机。

① 开关磁阻电机驱动系统（SRD）主要由开关磁阻电机、功率变换器、控制器和检测装置等构成，如图 7-40 所示。从产品结构上看，开关磁阻电机调速系统由电机和控制器两部分组成，电机包含角位移传感器，控制器包括功率变换器和控制电路。

② 开关磁阻电机驱动系统一般采用模糊滑模控制方法，具有效率高、功率密度大、控制精度高、转矩脉动小等特点。开关磁阻电机控制功率电路简单可靠；系统成本低；电动机转

矩方向与绕组电流方向无关，绕组每一相有一个功率开关器件，系统中每一个功率开关器件与电机绕组串联，避免了直通短路现象；车辆起步转矩大且起步电流小，低速性能好；调速范围宽；四象限运行具有较强的再生制动能力。

功率变换器的作用是将电池电源提供的能量适当地转换后提供给开关磁阻电机。功率变换器在整个SRD成本中占有很大比重，因此合理选择功率变换器是提高SRD性价比的关键之一。

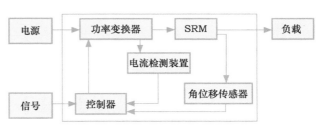

图 7-40　开关磁阻电机驱动系统 SRD

7.4　电控单元

电动汽车中的电控单元（Electric Control Unit，ECU）由单片机、集成电路和相关电子元件组成。其作用是接收各种传感器送来的信息，并对其进行运算、处理判断后再发出指令信号，经输出电路进行功率放大后驱动相应的执行元件工作，进而驱动电机等按驾驶人的意图工作运转。ECU由微处理器（MCU）、输入电路、输出电路、模数（A/D）转换器4部分组成，如图7-41所示。

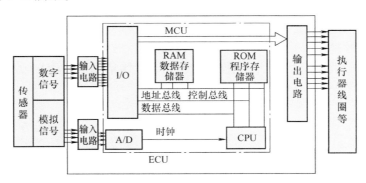

图 7-41　ECU 的组成

7.4.1　输入电路

从传感器来的信号首先进入输入电路，对于模拟信号（如加速踏板信号等），应先去除杂波干扰，把小信号进行放大，把模拟信号转变成数字信号，输入I/O接口电路；对于数字电路，进行缓冲后直接输入I/O接口电路。同时，输入电路还将电源电压转换成适合MCU使用的工作电压。输入电路在对信号进行整形的同时，给各部件提供所需要的不同的工作电压。

7.4.2　模数（A/D）转换器

输入ECU的传感器信号有两种：一是模拟信号；二是数字信号。信号的形态不同，输入ECU内的处理方法也不一样。数字信号可直接送入MCU处理，模拟信号则需要由模数转换器经过取样、保持、量化、编码四个步骤，转换成数字信号后再送入MCU处理。

7.4.3 输出电路

输出电路是 MCU 与执行器之间的联系电路。由于 MCU 输出的是数字信号，而且电流很小，一般不能直接驱动执行器工作，须经输出电路后通过其中的功率晶体管或功率 MOS 管的放大作用，提供足够的驱动电压／电流使执行元件工作。

7.4.4 微处理器（MCU）

微处理器（MCU）是 ECU 的核心部分，由中央处理器（CPU）、存储器（ROM-RAM）、输入／输出（I/O）接口等组成。MCU 能根据需要，用内存的程序和数据对各种传感器送来的信号进行比较、运算和修正，并将处理结果以指令的形式送至输出电路，驱动相关元器件完成控制功能。

① 中央处理器（Central Processing Unit，CPU）是 MCU 的运算核心和控制核心。CPU、内部存储器和输入／输出设备是 MCU 三大核心部件，其功能主要是解释 MCU 的指令以及处理软件中的数据。CPU 的运作原理可分为图 7-42 所示的四个阶段。

② CPU 从存储器或高速缓冲存储器中取出指令，放入指令寄存器，并对指令进行算术运算和逻辑运算，按照程序传送各装置之间的信号并执行数据处理任务。

③ 存储器的作用是记忆存储程序和数据，电动汽车控制器的存储器是由半导体器件构成的。从使用功能上分，有随机存储器（Random Access Memory，RAM，又称读写存储器）和只读存储器（Read Only Memory，ROM）。

RAM 可分为动态（Dynamic RAM，DRAM）和静态（Static RAM，SKAM）两大类。DRAM 的特点是集成度高，主要用于大容量内存储器；SRAM 的特点是存取速度快，主要用于高速缓冲存储器。车辆在运行过程中的数据、故障信息等多使用随机存储器，这也是 ECU 断电后，故障码等信息会丢失的原因。

只读存储器（ROM）的特点是只能读出原有的内容，不能由用户再写入新内容。所存储的内容是由厂家一次性写入的，并永久保存下来。它一般用来存放专用的、固定的程序和数据，不会因断电而丢失。车辆运行的控制程序、断电保护和防盗验证识别程序等存储于只读存储器。

④ 输入输出（I/O）接口的作用是根据 CPU 的命令，在外部传感器和执行器之间进行数据传送任务。接口是 CPU 与外围设备和传感器之间、MCU 内各 CPU 之间起连接作用的逻辑电路，是 CPU 与外界进行信息交换的中转站。其典型的 I/O 接口形式如图 7-43 所示。在 I/O 接口中既有数据端口，又有状态及控制端口。

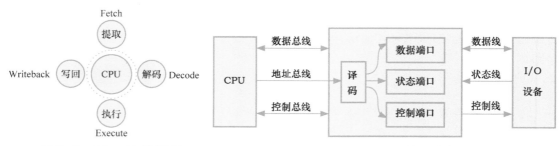

图 7-42　CPU 的运作原理　　　　　　　　图 7-43　I/O 接口形式

8.1 制动系统

制动系统是在汽车上设置一套（多套）由驾驶人控制的、能产生与汽车行驶方向相反的外力装置，使行驶中的汽车按驾驶人的要求进行适时地减速、停车或停驶后的驻车。

制动系统需满足以下基本要求：

① 具有良好的制动效能。

② 要有良好的制动方向稳定性。

③ 要有良好的制动平顺性。

④ 制动时要操纵轻便。

8.1.1 制动系统的作用

制动系统的作用是根据需要使汽车减速或在最短的距离内停车，以确保行车安全，并保障汽车停放可靠不能自动滑移。电动汽车的制动系统是在传统燃油车液压制动系统的基础上增加了制动能量回收功能。

8.1.2 制动系统的类型及组成

汽车制动系统一般至少装用两套各自独立的系统：一套是行车制动装置，主要用于汽车行驶中的减速和停车；另一套是驻车制动装置，主要用于停车后防止车辆滑移。

有的汽车还装有紧急制动装置和安全制动或辅助制动装置，有的还装有制动力调节装置、报警装置、压力保护装置等。汽车的两套制动装置都是由制动器和操纵制动器的传动机构两部分组成的。行车制动器主要由旋转部分、固定部分、张开机构和调整机构组成。旋转部分是固定在轮毂上并与车轮一起旋转的制动鼓；固定部分主要包括制动蹄和制动底板；张开机构是液压制动轮缸或气压制动凸轮；调整机构主要由偏心支承销和调整凸轮组成。制动系统的结构如图 8-1 所示。

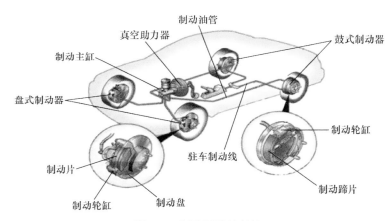

图 8-1 制动系统的结构

8.1.3 制动助力器（图 8-2）

乘用车的行车制动系统与商用车的不同，一般是液压制动系统。液压制动系统在制动主缸上装有制动助力器。该助力器是一个黑色圆罐，位于驾驶人侧发动机舱后部，固定在车身上，借推杆与制动踏板连接。加力气室由前后壳体组成，其间夹装有膜片和座，它的前腔经单向阀通进气管或真空筒；后腔膜片座毂筒中装有控制阀，其中装有与推杆固接的空气阀和限位板、真空阀和推杆等零件。膜片座前端滑装有推杆，其间有传递脚感的橡胶反作用盘，橡胶反作用盘是两面受力；右面的中心部分要受推杆及空气阀的推力，盘边环部分还要承受膜片座的推力；左面要承受推杆传来的主缸液压反作用力。实际上它是一个膜片，利用它的弹性变形来完成渐进随动，同时使脚无悬空感。

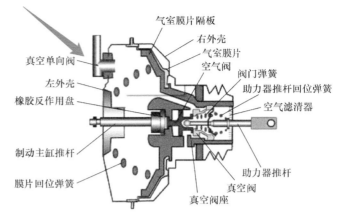

图 8-2　制动助力器结构图

单向阀有两个功能：一是保证发动机熄火后有一次有效的助力制动；二是发动机偶尔回火时，保护真空助力室的膜片免于损坏。

助力器一般和制动主缸制成一体，呈圆筒状，中部有个皮碗把助力器分成两个腔，当中和前面各有一个单向阀，平时这两个腔全是真空的，当踏下制动踏板时，前面的单向阀打开，前腔开始进气，但后面的腔还是真空的，当中的单向阀关闭，因为前腔和后腔产生负压，所以皮碗带动顶杆一起推动制动主缸制成工作；当收回制动踏板时，当中的单向阀打开，前面的单向阀关闭，前腔的空气流入后腔，两个腔没有负压，顶杆随着踏板回位弹簧一起回到原来的位置，同时当中的单向阀也关闭。真空助力器的工作原理如图 8-3 所示。

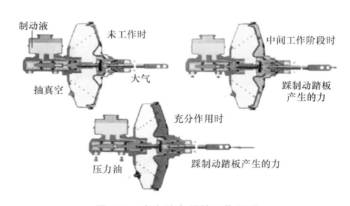

图 8-3　真空助力器的工作原理

制动助力器利用发动机真空来增大人力（通过制动踏板）施加给主缸的力，真空助力器是一个含有智能阀和膜片的金属罐。一根杆穿过罐的中央，两头分别连接主缸活塞和踏板连杆。动力制动系统的另一个关键零件是单向阀。单向阀只允许将空气吸出真空助力器。如果关闭发动机，或者真空管发生泄漏，则单向阀将确保空气不进入真空助力器。真空助力器的设计非常简单、精致，但需要真空源才能运行。汽油机可以提供适用于助力器的真空，在装有真空助力器的汽车上，制动踏板推动一个连杆，该连杆穿过助力器进入主缸，推动主缸活塞。发动机在真空助力器内的膜片两侧形成部分真空。踩下制动踏板时，连杆打开一个气门，使空气进入助力器中膜片的一侧，同时密封另一侧真空。这就增大了膜片一侧的压力，从而有助于推动连杆，继而推动主缸中的活塞。释放制动踏板时，阀将隔绝外部空气，同时重新打开真空阀。这将恢复膜片两侧的真空，从而使一切复位。制动助力器工作方向示意图如图 8-4 所示。

8.2 电动汽车制动系统

电动汽车制动系统是在燃油汽车制动系统的基础上发展改进而来的，除传统汽油机汽车制动系统的制动主缸、轮缸、制动管路外，还有制动助力器。目前，多采用真空式制动助力器。

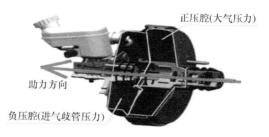

图 8-4 制动助力器工作方向示意图

8.2.1 电动真空助力系统

电动汽车因为运行中不产生真空，所以需要增设电动真空泵产生真空来解决制动时的真空助力问题。为了保证整个真空助力系统的正常工作，需要设置一个真空度传感器和真空罐，以保证系统较长时间处在一个合适的真空度范围内工作。电动真空助力系统的工作原理是：当接通整车上电开关或车辆运行时，若真空度传感器检测到真空度低于规定值，则真空度控制器发送信号让真空泵开始工作；当真空度达到 -55kPa 以上时，真空度传感器发出信号至真空度控制模块和整车控制器延时 10s 后使真空泵停止工作；多次踩踏制动踏板，真空助力器室起作用释放真空，真空罐内的真空度下降，待真空度下降到 -55kPa 以下时，真空度传感器发出信号给控制器使真空泵继续工作。电动真空助力系统的实物如图 8-5 所示，电路原理如图 8-6 所示。

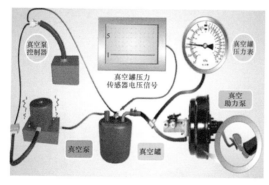

图 8-5 电动真空助力系统的实物图

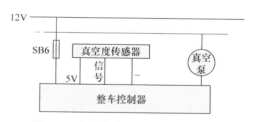

图 8-6 电动真空助力系统电路原理

8.2.2 制动能量回收

与传统燃油汽车相比，电动汽车具有制动能量回收功能。其制动能量回收系统的工作原理是：当车辆行驶时松开加速踏板，驱动电机在惯性的作用下仍在旋转，当电机转速下降至车轮转速以下，车轮带动电机旋转，此时原来的驱动电机工作于发电状态。动力蓄电池管理系统（BMS）根据电池充电特性曲线（充电电流、电压变化曲线和电池的容量关系）以及电池温度等参数，计算出相应的最大允许充电电流。电机控制器根据电池的最大允许充电电流控制 IGBT 模块，使发电机定子线圈旋转磁场的角速度与电机转子的角速度保持到发电电流，不超过电池允许的最大发电电流，以调整发电机向动力蓄电池充电的电流，同时也控制了车辆的减速度。当踩下加速踏板时，反馈电流在驱动电机控制器的调节控制下充入高压动力蓄电池。当驾驶人感觉车速下降较慢，制动效果不理想时，继续踩下制动踏板液压制动系统进入工作状态。制动能量回收阶段和液压制动阶段，两种不同阶段的制动踏板位置，如图 8-7 所示。

继续踩下制动踏板，通过推杆和主缸活塞，使主缸内的油液产生一定压力后流入轮缸，既而推动轮缸活塞，使两制动蹄绕支承销转动，上端向两边张开而使其摩擦片压紧在制动鼓的内圆面上。不旋转的制动蹄就对旋转的制动鼓产生一个摩擦力矩，其方向与车轮旋转方向相反。这时，制动鼓将该力矩传到车轮。由于车轮与路面间的附着作用，车轮对路面作用一个向前的制动力即周缘力，同时，路面也对车轮作用一个向后的反作用力，即制动力。制动力由车轮经车桥和悬架传给车架及车身，迫使汽车减速或停车。

当松开制动踏板时，油液流回主缸，在各同位弹簧的作用下，制动蹄与制动鼓又恢复了原来的间隙，从而解除制动作用。

电动汽车制动能量反馈回收的原则如图 8-8 所示。

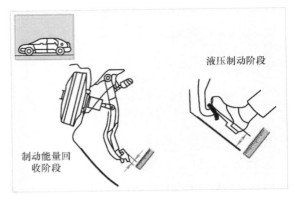

图 8-7　不同阶段的制动踏板位置

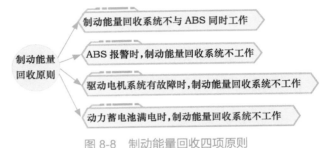

图 8-8　制动能量回收四项原则

8.3　制动压力调节器（图 8-9）

制动压力调节器串接在制动主缸与轮缸之间，通过电磁阀直接或间接地控制轮缸的制动压力。制动时使车轮不被完全抱死，处于边滚动边滑动状态（滑移率 15%~20%），保证车轮与地面的附着力在最大值。制动压力调节器通常由控制单元、电动泵、储能泵、控制阀和一些控制开关、车轮传感器等组成。

8.3.1　常规制动（图 8-10）

在常规制动过程中，ABS 不工作。电磁线圈中无电流通过，电磁阀处于"升压"位置，此时制动主缸与轮缸直通，由制动主缸来的制动液直接进入轮缸，轮缸压力随主缸压力而增减，此时回流泵不工作。

8.3.2　减压过程（图 8-11）

如果在"保持压力"命令发出后仍有车轮抱死信号，ECU 即向电磁线圈通入一个最大

图 8-9　制动压力调节器的位置

电流，电磁阀处于"减压"位置，此时电磁阀将轮缸与回油通道或储液室接通，轮缸中的制动液经电磁阀流入储液室，轮缸压力下降。

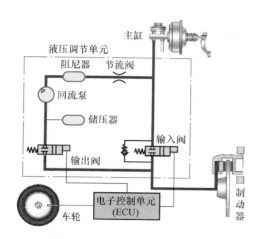

图 8-10 常规制动过程示意图

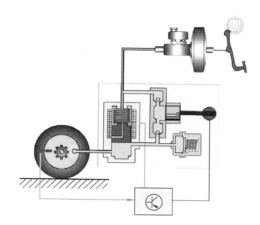

图 8-11 减压制动过程示意图

8.3.3 保压过程（图 8-12）

当轮速传感器发出抱死危险信号时，ECU 向电磁线圈通入一个较小的保持电流（约为最大电流的 1/2）时，电磁阀处于封闭状态，制动轮缸压力保持不变。

8.3.4 增压过程

当压力下降车轮加速太快时，ECU 便切断通往电磁阀的电流，主缸和轮缸再次相通，主缸中的高压制动液再次进入轮缸，使制动压力增加。增压制动过程与常规制动过程一致。

▶ 制动过程中，ECU通过轮速传感器判断车轮是否被抱死
▶ 如果车轮即将抱死，ECU发出命令，通过制动调节装置，减少制动力防止车轮抱死

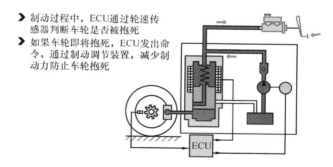

图 8-12 保压制动过程示意图

8.4 制动系统实例

这里以宝马 BMWi3 和 BMWi8 的制动能量反馈回收系统为例进行说明。

8.4.1 液压制动系统

宝马 BMWi 电动汽车制动系统采用对角分布式双回路液压制动系统，即左前制动器和右后制动器共同使用一组制动回路；右前制动器和左后制动器共同使用另一组制动回路。当一个制动回路失灵时，可通过另一组回路产生制动力，还可在制动过程中进行车桥负荷的动态分配，使前桥较后桥承担更多的制动压力。制动系统液压回路由制动主缸、制动液压控制总成和 4 个制动轮缸组成，如图 8-13 所示。

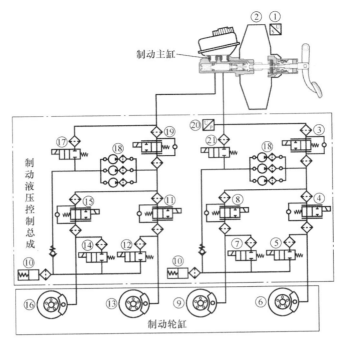

制动主缸

图 8-13　宝马 BMWi 制动液压系统回路图

1—制动踏板角度传感器　2—制动主缸　3—制动回路Ⅰ隔离阀　4—右前输入阀　5—右前输出阀
6—右前车轮制动器　7—左后输出阀　8—左后输入阀　9—左后车轮制动器　10—蓄压器
11—右后输入阀　12—右后输出阀　13—右后车轮制动器　14—左前输出阀　15—左前输入阀
16—左前车轮制动器　17—制动回路Ⅱ转换阀　18—液压泵　19—制动回路Ⅱ隔离阀
20—制动压力传感器　21—制动回路Ⅰ转换阀

　　液压制动系统的一般工作原理：当驾驶人踩下制动踏板时，制动主缸内的油压上升，通过管路和阀门到达车轮制动器制动轮缸，制动轮缸内的油压升高使制动摩擦片紧压在制动盘上，使车轮带动旋转的制动盘转速减慢，直至停止运转。

　　宝马 BMWi 电动汽车制动系统在普通液压制动系统的基础上增设了制动能量回收功能，下面以一个车轮制动器为例介绍制动能量回收时，液压控制总成（DSC）单元内的工作原理流程。图中红色箭头表示具体制动时液压系统内的压力增加情况。其工作原理分为三种情况阶段。

　　1. 纯制动能量回收阶段

　　当踩下制动踏板时，由制动主缸的串联制动主缸 5 排出的制动液，通过隔离阀 6 输入阀 7 输出阀 8 收集在液压控制总成（DSC）单元的一个低压蓄压器 2 内；通过制动踏板角度传感器读取驾驶人的制动要求，再通过 FlexRay 数据总线将相关信息发送至动力电子系统（DME），DME 将制动力矩分配给高电压的动力发电一体机，将制动力矩转换成电能进行回收。液压压力情况如图 8-16a 所示。

　　2. 能量回收和液压制动同时进行阶段

　　如果达到了发电模式下的最大制动功率，且制动踏板行程继续增大，就会关闭输出阀 8 并产生液压压力，这样会使电机和液压制动器的制动效果叠加。液压压力情况如图 8-16b 所示。

3. 关闭制动能量回收阶段

如果出现故障导致能量回收式制动突然失效，系统就会立即通过液压控制总成（DSC）液压单元内的活塞液压泵 3 将收集在低压蓄压器内的制动液输送至车轮制动器 1，并产生与当前减速度要求所需要的制动压力。由于隔离阀 6 的单向关闭作用，使驾驶人在操作脚制动时不宜觉察，并随时可提高制动力达到车辆的减速制动停车需求。液压压力情况如图 8-14c 所示。

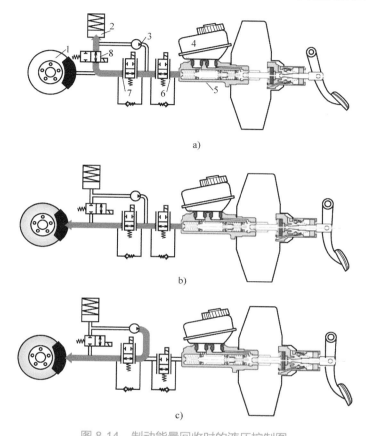

图 8-14 制动能量回收时的液压控制图

1—车轮制动器 2—低压蓄压器 3—液压泵 4—制动液补液罐
5—串联制动主缸 6—隔离阀 7—输入阀 8—输出阀

宝马 BMWi 电动汽车制动系统使用较大制动踏板行程实现制动能量回收，但当车速超过 160km/h 时，系统会限制不再进行制动能量回收利用，以免相关组件过载。在车辆低于 10km/h 时，系统也不再进行制动能量回收利用，以确保行驶的舒适性。在车速 10~160km/h 运行区间通过前后两个车桥进行制动能量回收时，利用纯电机制动方式可以实现最高约 2.5m/s^2 的制动减速度，同时仪表盘上会点亮制动系统能量回收警告灯 ⬤。

8.4.2 制动真空助力系统

宝马 BMWi 电动汽车制动系统以纯电动方式产生真空来实现真空制动助力。该系统由电动真空泵、制动稳态控制系统（DSC）、真空度传感器、真空管路和制动助力真空气室等组成，如图 8-15 所示。其工作原理是：电机控制装置（EME）为制动真空度传感器供电，

传感器将大气压力和检测到的制动助力真空气室内的压力差信号转换为电信号，发送至
EME 控制器进行处理。EME 根据分析
真空度传感器信号和不同行驶状态参数
（车速）决定是否接通电动真空泵，EME
控制电动真空泵不会持续接通或关闭，
而是在达到所需最小真空压力前保持接
通状态。

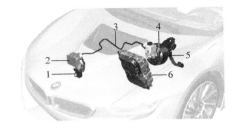

图 8-15　制动真空助力系统图
1—电动真空泵　2—制动稳态控制系统（DSC）　3—真空管路
4—真空度传感器　5—制动助力真空气室
6—电机控制装置（EME）

　　电机控制装置（EME）用一个输出
级（半导体继电器）用于接通或关闭电
动真空泵的 12V 电源，接通电流最高可
达 30A。EME 为了保护输出级和电源线，
通过电子方式限制电流强度。EME 仅负
责接通和关闭电动真空泵，不对电动真空泵进行功率和转速控制。制动真空助力系统的控
制逻辑关系如图 8-16 所示，图中 A 表示输入信息，B 表示输出信息，C 表示输出电压。

　　真空助力系统出现故障时在仪表盘的制动故障警告灯下面 BRAKE 灯亮，以提醒驾驶人制
动系统出现故障。真空助力系统出现故障有两种情况，如图 8-17 所示。

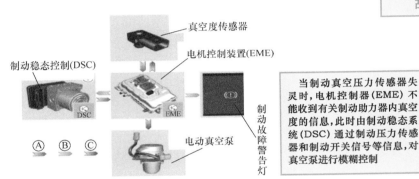

图 8-16　制动真空助力系统的控制逻辑关系图　　　　图 8-17　真空助力系统出现故障图

8.4.3　主要部件

　　1. 制动器（图 8-18）

　　宝马 BMWi 电动汽车制动器采用内通风型结构制动盘，通过减轻摩擦组件所用材料来
减轻制动盘和制动摩擦片的重量。通过电机模式制动可以实现无磨损制动运行，因此制动
盘和制动摩擦片受到的磨损比传统车辆要小，可适当减轻减薄尺寸。

　　2. 制动主缸（图 8-19）

　　宝马 BMWi 电动汽车制动主缸由串联式液压制动主缸、带液位传感器的储液器、制动
助力真空气室及真空度传感器等组成。其工作原理是当驾驶人踩下制动踏板，主缸活塞向
前移动，关闭旁通孔，在活塞前面建立油压，然后通过管路将油压输送到制动轮缸；松开
制动踏板时，主缸活塞在油压和回位弹簧的作用下回位，制动系统压力下降，使多余的油
回到储液器内；连续两脚制动时，油壶的油从补偿孔进到活塞前面，使活塞前面的油增多，
使制动力增加。

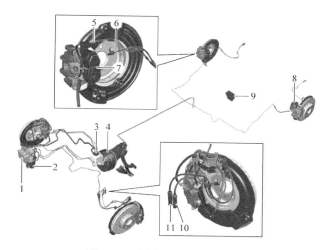

图 8-18　制动系统及制动器图

1—制动稳态控制系统（DSC）　2—电动真空泵　3—制动液补液罐　4—制动助力真空气室
5—后制动摩擦片传感器　6—右后车轮转速传感器　7—右侧电动机械式驻车制动器
8—左侧电动机械式驻车制动器　9—电动机械式驻车制动器控制单元（EMF）
10—前制动摩擦片传感器　11—左前车轮转速传感器

3. 电子驻车制动器

宝马 BMWi 电动汽车带有电子式驻车制动系统，如图 8-20 所示。当 EMF 控制单元接收驻车制动按钮发出的驻车指令，要求拉紧电动驻车制动器时，EMF控制单元检查当前车辆状态下是否满足EMF 执行机构的工作条件。若满足条件，EMF 控制单元就会指令电机工作，对其进行相应的控制。

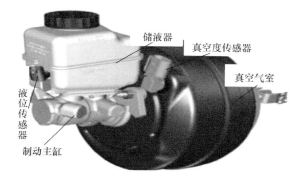

图 8-19　制动主缸图

（1）停车后驻车

车辆制动停车后拉起驻车制动按钮
（图 8-21），电动机械驻车制动器的两个执行机构，即通过驻车制动器防止车辆溜车。

（2）紧急制动

在车辆行驶期间向上拉起驻车制动按钮（图 8-21），信号会通过制动稳态控制系统（DSC）规定的动态紧急制动系统程序实施紧急制动减速停车。在行车期间操作电子驻车制动按钮相对拉起传统机械式驻车制动手柄是安全可靠的，因为操作电子驻车按钮是由制动稳态控制系统（DSC）进行驻车制动，它是通过液压制动压力作用在车辆的四个车轮制动器上。DSC 功能完全启用且制动信号灯点亮，通过四个轮速传感器监控所有车轮的滑移值，从而确保车辆稳定制动直至停车。车辆静止后，电动机械驻车制动器的两个执行机构通过驻车制动器防止车辆溜车。

（3）松开电子驻车制动器

为防止无意操作驻车制动器而导致意外溜车，向下按下驻车制动器按钮后可松开驻车制动器的条件是接通上电开关（点火开关）、操作制动踏板或将变速杆置于驻车档。在车辆起步时无须通过操作驻车制动器按钮即可自动松开驻车制动器。驻车制动器松开后，组合仪表内的红色指示灯就会熄灭。

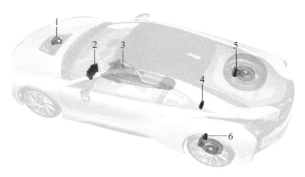

图 8-20　电子驻车制动系统元件位置图

1—制动稳态控制系统（DSC）　2—组合仪表（KOMBI）
3—驻车制动按钮　4—EMF 控制单元
5—右侧驻车制动器执行机构　6—左侧驻车制动器执行机构

图 8-21　上拉驻车制动按钮图

电子驻车制动器有以下四个优点，如图 8-22 所示。

取消了中控台处的驻车制动拉杆，节省了空间

可随时调节制动摩擦片的压紧力

在脚制动失灵时可通过驻车制动开关，实施紧急制动

起步时自动松开驻车制动器，省去了手动操作的步骤

图 8-22　电子驻车制动器的优点

宝马电动汽车自动松开驻车制动器的条件，如图 8-23 所示。

自动松开驻车制动器的条件

A　所有车门关闭

B　系上驾驶人安全带

C　接通上电开关准备行驶

D　挂入行驶档位

E　操作加速踏板

图 8-23　自动松开驻车制动器的条件

模块四

其他系统

　　充电系统的功能是将电网的电能转化为电动汽车动力电池所需要的电能。充电系统是纯电动汽车唯一的能源补充系统，为保障车辆持续行驶提供动力能源。根据动力电池实时状态控制充电和停止充电；并根据动力电池的电量、温度控制充电电流，同时视情况对动力电池加热（图9-1）。

　　目前电动汽车的充电形式从总体上来说，可分为传导式充电和感应式（无线）充电两大类，如图9-2所示。

　　电动汽车的传导式充电一般可分为交流传导式充电和直流传导式充电。

图9-1　车辆充电状态

传导式充电

　　电网的电能通过导线和设备连接，传输到动力电池中

感应式（无线）充电

　　利用电磁波感应原理及技术，在发送端和接收端相应的线圈发送和接受产生感应的交流信号来进行充电

图9-2　电动汽车充电的类型

9.1　交流传导式充电

　　交流传导式充电（俗称慢充电）是电网的交流电通过导线进入充电机，经充电机整流、滤波后转变为直流电对车上的动力电池进行充电的方式。这种充电方式所使用的充电机一般装在电动汽车上随车携带，称为车载式充电机，其特点如图9-3所示。交流传导式充电系统的结构组成及充电连接如图9-4所示。

　　交流传导式充电常见的充电形式有两种：一种是家用三孔插座充电；另一种是交流充电桩充电，如图9-5所示。家用220V单相三孔插座充电功率较小，一般电流控制在25A以下。三相交流

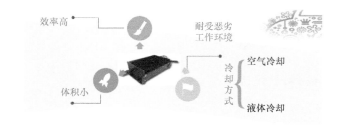

图9-3　车载充电机的特点

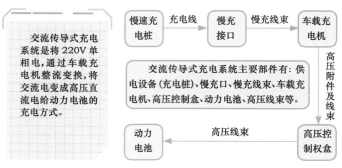

图9-4　交流传导式充电系统的组成及充电连接

充电桩输入电流一般最大为32A。在车辆需要充电时，只需将充电连接导线的插头连接到家用三孔插座或交流充电桩的插座即可。该充电模式充电时间较长，一般为6~10h，对电网的负荷要求较低，可由客户独立完成。一般利用夜间电网负荷较低时充电还能对电网起到削峰、调频、改善电能品质的作用。

9.1.1 慢充电原理

充电枪连接后通过充电机反馈到整车控制器，再负触发唤醒仪表显示连接状态，充电机同时正触发唤醒整车控制器和BMS。整车控制器唤醒仪表显示充电状态；BMS接受整车控制器的指令，控制动力蓄电池正、负继电器闭合。慢充系统启动，充电桩提供交流电，BMS检测充电需求，并给车载充电机发送工作指令，车载充电机工作开始充电。慢充电工作原理示意图如图9-6所示。

图9-5 交流充电桩充电

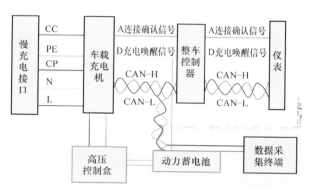

图9-6 慢充电工作原理示意图

9.1.2 慢充电流程

① 将充电枪连接到充电机，充电机反馈到整车控制器进入充电模式，唤醒仪表显示连接状态，同时唤醒整车控制器和BMS，整车控制器使动力电池正、负主继电器闭合，也使仪表盘启动显示充电状态。

② 系统确认充电枪连接完成后，用低压电唤醒整车控制器，BMS检测充电需求，并向车载充电机发送充电工作指令，动力电池继电器闭合。

③ 当动力蓄电池继电器闭合后，车载充电机开始工作进行充电，在充电过程中整车控制器监控充电参数、动力电池的温度/电压/电流等参数。

④ 当BMS检测到电池电量升高到满电状态时（表明充电完成），给充电机发送停止充电的指令。

⑤ 车载充电机收到停止充电的指令后，停止工作并向整车控制器发送停止充电信息。

⑥ 拆掉充电枪后，整车控制器使充电模式转换到行车模式，仪表充电模式显示熄灭，动力电池正、负继电器断开，至此充电完全结束。其工作流程如图9-7所示。

图9-7 慢充电工作流程

在充电流程中，如果充电机和 BMS 在规定的时间内（一般为 5s）没有收到对方有效报文信息，即判断为超时，BMS 向充电机发送错误报文，进入故障处理状态。根据故障的类别，分别进行不同的处理甚至结束充电。

9.1.3　充电行车模式切换

1. 充电模式不能切换的行车模式

当钥匙开关在 ON 档同时充电时，若此时关闭充电口，则车辆不能提供高压电，需要驾驶人将钥匙开关关闭后再次打到 ON 档，方可提供高压电供车辆行驶。行车模式仪表盘显示如图 9-8 所示。

2. 行车模式可以直接切换到充电模式

车辆在行车模式时，如果监测到有充电需求信号，则整车控制器优先执行高压断电，再进行正常的充电流程。充电模式仪表盘显示如图 9-9 所示。

图 9-8　行车模式仪表盘显示

图 9-9　充电模式仪表盘显示

9.2　直流传导式充电

直流传导式充电又称为快速充电或应急充电，主要通过地面直流充电桩将电网的交流电转变为直流电后，再通过充电连接器对电动汽车动力蓄电池进行充电。直流传导式充电如图 9-10 所示。

图 9-10　直流传导式充电

9.2.1　直流充电桩的用途及充电过程

这种直流快速充电桩能在短时间内给电动汽车充入大量的电能，主要针对长距离行驶或其他需要快速补充电能的车辆进行快速充电。其典型的充电时间为 10~30min，充电电压为直流电压 400V 或 750V，充电电流最高可达 125A 和 250A。直流充电桩的充电流程如图 9-11 所示。

由于这种直流充电装置的充电速度快，充电功率较大，对电网的负荷有较高的要求，需要电网公司规划匹配。

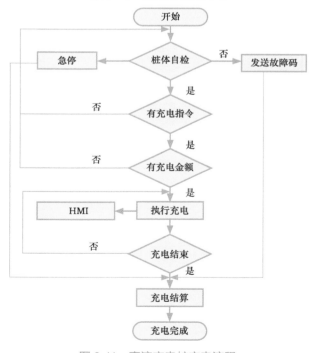

图 9-11　直流充电桩充电流程

9.2.2 直流快速充电系统的结构组成（图9-12）

电动汽车在生产制造时往往设置一个交流充电接口和一个直流充电接口，如图9-13所示。两接口的同时存在会大大方便用户使用家用插座慢速充电和旅行途中快速充电的需要，如图9-14所示。

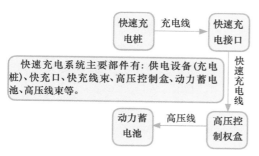

图 9-12　直流快速充电系统的结构组成

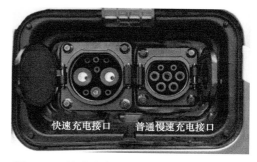

图 9-13　快速充电接口与普通慢速充电接口

9.2.3 直流快速充电的使用特点

用户在使用快速充电时，车辆动力蓄电池SOC宜为30%~70%的范围内，且最高充电量也不宜超过动力蓄电池额定容量的80%。

9.3 充电机的工作原理

电动汽车充电机的主电路按其工作原理、工作方式的不同，有多种电路结构。综合当前电动汽车

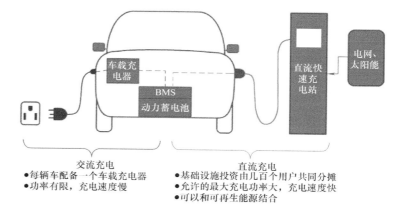

图 9-14　交流慢速充电与直流快速充电示意图

充电机的使用情况，在此重点介绍高频开关电源充电机的工作原理及系统组成，如图9-15和图9-16所示。

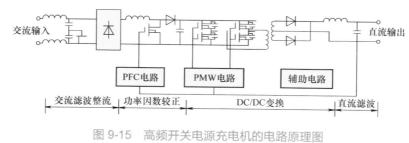

图 9-15　高频开关电源充电机的电路原理图

图 9-16　高频开关电源充电机的组成部分

9.3.1 整流电路

整流电路由交流整流滤波、DC/DC 变换（高频变换）器等元器件（即电容、二极管）组成，其作用是从单相或三相交流电网取得交流电，并将其转换为符合要求的直流电。

9.3.2 调整控制及保护电路

调整控制电路采用 PWM 脉宽调制电路，包括输出采样、信号放大、控制调节、基准比较等单元，其作用是对输出电压进行检测和取样，并与基准定值进行比较，从而控制高频开关功率管的开关时间比例，达到调节输出电压的目的。电动汽车高频开关电源充电机调整控制电路的原理如图 9-17 所示，信号输入及故障保护原理如图 9-18 所示。

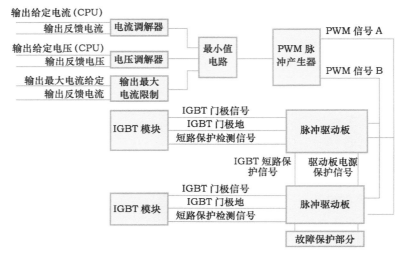

图 9-17　高频开关电源充电机调整控制电路的原理

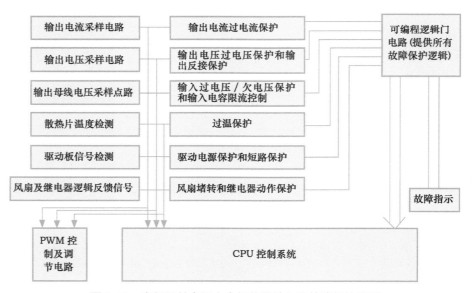

图 9-18　高频开关电源充电机信号输入及故障保护原理

9.3.3 充电机控制管理单元（CPU）

控制管理单元（CPU）为充电机的顶层控制系统。电动汽车充电机在进行充电操作时，控制管理单元接受人工输入或其他设备的控制指令，控制执行器的启动与停止，从而控制充电机的启动与停机，并可将充电机的运行数据进行显示或传输给上层监控计算机。

充电机控制管理单元（CPU）的结构如图 9-19 所示。控制管理单元主要由控制管理单元及其外围电路、数字处理电路、模拟量处理

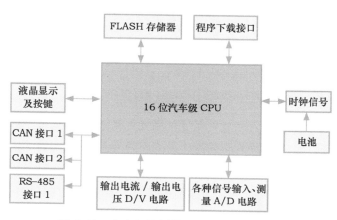

图 9-19　充电机控制管理单元 (CPU) 结构

电路、RS-485 通信接口、CAN 总线通信接口、按键输入电路和显示电路等组成。

9.3.4 人机接口单元

充电机人机接口由按键和人机界面彩屏（或数码管）组成，具有计算机远程监控及电池充电控制等功能。充电机通过人机接口单元与充电站的监控网络接口通信，由监控后台机监视和记录充电站每台充电机的运行数据。修改每台充电机的运行参数，控制充电机的启动和停机。电动汽车的充电机可以由监控后台机通过通信接口对充电机进行控制，同时也可以由充电控制逻辑单元控制充电机的启动和停机。另外，充电机的运行故障也是通过人机接口单元与充电站的监控网络通信，由监控后台机显示故障信息，并提供简单明了的故障排除指示。充电机（站）远程通信接口单元（Internet 接口）的作用是对接电网通信网络接口，充电机（站）通信协议与电网通信协议统一，实现充电机（站）的远程监控及无人值守站数据的统一上传。充电机充电操作如图 9-20 所示。

图 9-20　充电机充电操作

9.3.5 电能计量单元

充电设施和电动汽车用户之间的计量结费采用现场缴费、储值卡预付费和手机微信、支付宝支付等方式。

电能计量装置应根据电能计量点的位置及充电设备的额定电流选取。电能计量装置配置如下：

① 交流充电桩应选用智能电能表，安装在电动汽车与交流充电桩之间。

② 电动汽车非车载充电机宜选用直流电能表计量，安装在非车载充电机直流输出端和电动汽车之间。

9.3.6 功率因数校正网络及辅助电路

功率因数校正网络是充电机的重要组成部件，其功能是通过控制过程，使输入电流波形跟踪正弦基波电流，且相位与输入电压同相，以保持输出电压稳定和功率因数接近于 1.0。辅助电路包括手动调整、稳压电源、保护信号、事故报警和通信接口电路等。

9.4 感应式（无线）充电系统

近年来，电动汽车无线充电受到越来越多的关注。无线充电（图 9-21）简单方便，即停即充，不需手动操作，没有线缆拖拽，大大提高了用户体验。此外，无线充电不受气候条件的影响，在雨雪天气都可以安全充电。无线充电技术源于无线电力传输技术，是利用电磁波感应原理及相关交流感应技术，在发送和接收端用相应的线圈发送和接受产生感应的交流信号来进行充电。

无线充电系统基本由两部分构成，即地面部分和车载部分。地面部分包括整流逆变装置、通信单元和发射线圈。整流逆变装置将电网的交流电转化为直流电，然后传输给发射线圈，发射线圈受到感应产生磁场，再以磁能的形式散发出去。车载部分包括接收线圈、整流装置和通信单元。

接收线圈与地面发射线圈耦合或磁场共振，再将磁能转化为电能，经整流装置转化为相应电压的直流电为车载动力蓄电池充电。两部分通信单元负责地面与车辆端的控制信息交互，从而实现充电的智能控制。电动汽车无线充电系统工作原理如图 9-22 所示。

图 9-21 无线充电汽车

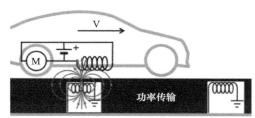

图 9-22 无线充电系统的工作原理示意图

无线充电技术的实施主要有 3 种方式：电磁感应（ICPT）、无线电波（MPT）和电磁共振（ERPT）。

9.4.1 电磁感应式无线充电

通过对初级线圈通一定频率的交流电，变化的电场产生变化的磁场，由于电磁感应现象在次级线圈会产生一定的电流，将能量从传输端转移到接收端，属于短程传输。由于电磁感应原理受供电端和受电端的距离的约束，在传输距离上仅限于100mm 的短距离传输，但电磁感应式的无线充电传输功率大（可达数百千瓦）、能量转换效率高（可达到 90% 以上）。电磁感应式充电的结构如图 9-23 所示。

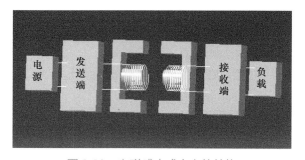

图 9-23 电磁感应式充电的结构

9.4.2　微波无线充电

微波无线充电即采用微波作为传递能量的介质，接收方接收到微波能量后，经过共振电路和整流电路，将其还原为设备可用的直流电，如图 9-24 所示。这种方式相当于日常使用的无线网络，双方各自有一个专门的天线，所不同的是这里传递的不是电信号而是电能量。微波的频率为 300MHz~300GHz，微波传输的能量非常强大，这也就是它能运用于电动汽车等设备进行无线充电的原因之一。这项技术的最大缺点是效率低，最大优点是空间自由度高。

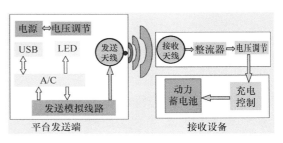

图 9-24　微波无线充电

9.4.3　电磁共振无线充电

电磁共振无线充电系统由能量发送装置和能量接收装置组成，利用接收装置频率和发送装置频率相一致时产生的磁场耦合形成共振，交换传递能量（图 9-25）。电磁共振无线充电系统在传输距离上可以做到几厘米到几米，使其在使用上更加灵活，但传输效率和功率会因距离增加而有所降低。

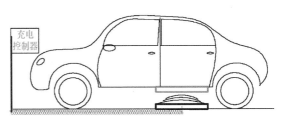

图 9-25　电磁共振无线充电示意图

电磁共振式无线充电对设备的使用位置没有严格的限制，并且可以同时对多个设备进行无线充电，使用灵活度在各项方式中居榜首；在传输效率方面可以达到 40%~60%，随着研发的深入，在效率方面还可再继续提高。

9.5　无线充电技术的现状及发展趋势

电动汽车无线充电是一个刚刚起步的新领域，目前主要是产品成本过高，是车载充电机的数倍甚至数十倍。据预测，电动汽车无线充电量产后价格将会高于车载充电机 2 倍左右，但带来的方便性是不言而喻的。用户停车后即可自动充电，特别适合于汽车租赁公司。客户需要用车时直接刷卡取车，用完后驶入空闲的停车位直接刷卡还车，车辆在这种设立了无线充电设备的停车位即可实现自动充电，整个过程无须人员看管，大大降低了人员看管维护的成本。无线充电的优势如图 9-26 所示，能有效解决在都市核心地带大量建设充电设施的"老大难"问题。

图 9-26　无线充电的优势

9.5.1　无线充电技术的应用及前景

世界著名的两大汽车公司——奔驰公司和宝马公司曾宣布合作研发无线充电技术，奔驰公司将基于全新 S 级车进行测试，而宝马公司则计划率先应用在 i8 插电式混合动力汽车上。宝马 i8 插电式 4 轮驱动混合动力汽车，电机最大功率为 96kW，最大转矩 250N·m，在纯电动模式下最大续驶里程达到 35km。该无线充电设备目前的充电功率为 3.6kW，可在

2h 之内对动力电池充满电。该公司计划对线圈进一步改造，使其输出功率达到 70kW，彻底解决充电慢的问题。其无线充电系统可分为四个部分：电源、能量发射装置（充电板）、能量拾取装置（接收板）和能量变换及控制装置，如图 9-27 所示。

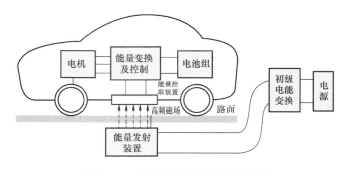

图 9-27 无线充电系统的结构组成

目前无线充电有三种应用场景如图 9-28 所示。

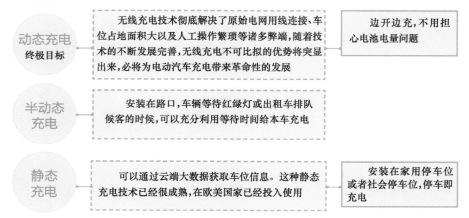

图 9-28 无线充电三种应用

9.5.2 无线充电技术目前存在的问题

电动汽车无线充电技术当下还存在着以下 4 个方面的问题，如图 9-29 所示。

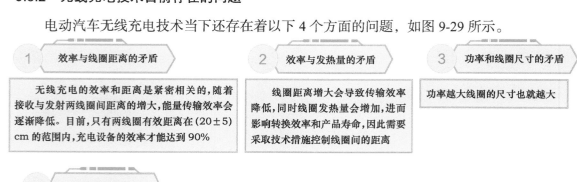

图 9-29 无线充电存在的问题

9.6 充电接口

在国标 GB/T 20234.3—2015 中规定了两种传导式充电接口：一种是为装配车在充电机提供交流电的慢充电接口；另一种是为电动汽车动力蓄电池提供直流电的快充电接口。这两种充电接口分别适用额定电压：交流：220V；直流：不超过 750V。

9.6.1 交流慢充电接口

交流慢充电接口实物图如图 9-30 所示。

电动汽车交流慢充电接口分为插头和插座两部分，各部分分别包含 7 对触头，其布置方式如图 9-31 和图 9-32 所示。图中各端子触头的参数及功能见表 9-1。

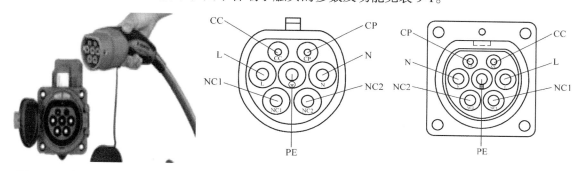

图 9-30 交流慢充电接口实物图　　图 9-31 充电插头　　图 9-32 充电插座

表 9-1 电动汽车交流慢充电触头电气参数值及功能定义

触头编号 / 标识	额定电压 /V	额定电流 /A	功能定义
1/L	250/440	16/32	交流电源
2/NC1			备用触头
3/NC2			备用触头
4/N	250/440	16/32	中线
5/⊥			保护搭铁（PE）
6/CC	30	2	充电线连接确认
7CP	30	2	控制确认

与快充电系统相比，交流慢充电系统的工作电压和电流较小，对于充电接口和充电座，其额定工作电压为 AC 250V 和 AC 440V，工作电流为 16A、25A 和 32A。交流充电口插头和插座的另外一个特点是体积小且成本较低。

与交流充电接口匹配的是交流充电桩，该充电方式可以充分利用夜间休息时间和夜间低谷电能来为电动汽车充电，是电动汽车的主要充电方式，能满足大部分用户的出行需要，可以安装在小区停车位、车库、购物中心、机关企事业单位等公共停车场大量设置。

9.6.2 直流快充电接口

直流快充电接口实物图如图 9-33 所示。

电动汽车的直流快充电接口分为插头和插座两部分，各部分分别包含 9 对触头，其布置方式如图 9-34 和图 9-35 所示。图中各端子触头的参数及功能见表 9-2。

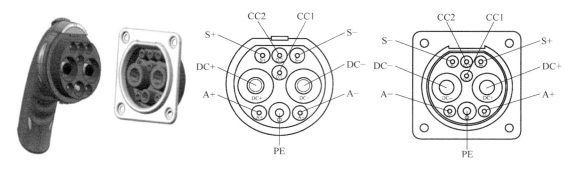

图 9-33　直流快充电接口实物图　　图 9-34　直流充电接口插头　　图 9-35　直流充电接口插座

表 9-2　电动汽车直流快充电触头电气参数值及功能定义

触头编号 / 标识	额定电压 /V	额定电流 /A	功能定义
1/DC+	750	125A/250A	直流电源 +，连接电源 + 与电池 +
2/DC−	750	125A/250A	直流电源 −，连接电源 − 与电池 −
3/⊥			保护搭铁（PE）
4/S+	30	2	充电通信 CAN-H
5/S−	30	2	充电通信 CAN-L
6/CC1	30	2	充电连接确认 1
7/CC2	30	2	充电连接确认 2
8/A+	30	20	低压辅助电源 +，连接非车载充电机为充电车辆提供低压辅助电源
9/A−	30	20	低压辅助电源 −，连接非车载充电机为充电车辆提供低压辅助电源

　　注：非车载充电机控制装置与车辆控制装置应有 CAN 总线去耦电阻，建议为 120Ω，通信线采用屏蔽双绞线，在充电机端屏蔽层接地。

　　与交流慢充电系统相比，直流快充电系统的工作电压高，工作电流大，GB/T 20234.3—2011 对于充电接口和充电座要求较高，其额定工作电压不超过 750V，额定工作电流有 125A 和 250A 两种规格。直流充电口插头和插座的另外一个特点是体积大且成本高。

　　电动汽车充电接口插头和插座在连接过程中触头耦合的顺序为：保护接地、充电直流电源正极、充电直流电源负极、充电连接确认、低压辅助电源正、低压辅助电源负、充电通信与供电段连接确认；在脱开过程时则顺序相反。直流充电口的连接界面如图 9-36 所示。

　　与直流充电接口匹配的是直流充电桩，用于公共场所的分体式带刷卡、计量、打印和上传信号等功能，主要适用于路边充电站、停车场等公共场所对电动汽车充电。直流充电桩由充电机和壳体立桩两部分组成，适用于锂离子动力蓄电池充电。充电桩采用 AC380V 三相输入，直流输出。可以通过 BMS 自动对车载动力蓄电池充电，也可以手动充电，触摸屏设有手动充电方式。在自动充电方式中，充电桩可以根据电池提供的数据动态调整充电参数，输出相应的电流和电压，完成充电过程。充电桩采用分立安装，充电机放置在充电机箱内，充电桩落地安装，外形美观，操作方便。直流充电桩及工作界面示例如图 9-37 所示。

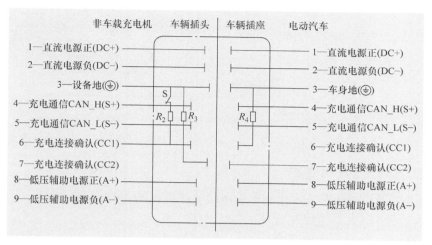

图 9-36 直流充电口的连接界面

充电桩提供国标充电插座，可满足国内全部车型充电。对车载充电机采用 CAN 通信，满足 CC、CP 充电通信检测，电池充满后自动停机。充电桩提供 485 网络接口，可以在上位机统一管理。直流充电操作相对交流充电较为复杂，可由专业人员操作或协助用户操作完成。

图 9-37 直流充电桩及工作界面

9.7 充电防护

因电动汽车具有金属外壳，且一般支持车主使用家中的交流电进行充电，故可以把电动汽车作为特殊的 I 类设备对待，按照 I 类设备的要求来对电动汽车进行充电。按照 GB/T 18487.1—2015《电动汽车传导充电系统 第 1 部分：通用要求》3.1.1 规定，I 类电动汽车充电时，必须将车辆各金属部分通过 PE 线接地；9.4.1 规定，在电动汽车传导充电设备的接地系统中，应该提供一个 RCD（漏电保护器）且写明额定漏电电流动作值 $I_{\Delta N} \leqslant 30\text{mA}$。GB/T 20234.1—2015《电动汽车传导充电连接装置 第 1 部分：通用要求》6.2.2 中规定，供电插头、供电插座、车辆插头和车辆插座应包括接地端子和触头，且在连接和断开中，接地触头应最先接通和最后断开。

9.7.1 漏电保护器（RCD）的工作原理

由图 9-38~ 图 9-40 可以看出，电动汽车充电时，漏电保护器监控的是除地线之外的所有供电线的电流矢量和。正常充电且不漏电时，进入漏电保护器的电流和流出漏电保护器的电流矢量之和为 0。当发生漏电时，漏电电流从漏电支路流走（产品 PE 接地线或经人体流入大地），导致流入和流出漏电保护器的电流矢量和不为 0。当漏电的电流超过设定的阈值时，漏电保护器将采集的信号放大并驱动执行元件动作，切断供电电源以保证安全。

图 9-38　三相充电机充电示意图

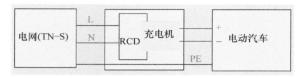

图 9-39　单相充电机充电示意图

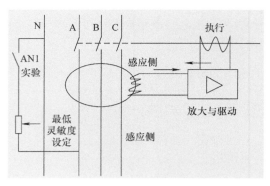

图 9-40　漏电保护原理图

9.7.2　地线正常连接下的漏电保护

　　在地线连接正常的情况下，当相（火）线绝缘破损与车身钣金接触时，因为存在连接车身的地线，可将较大电流经过地线流入大地。这时流入和流出漏电保护器的电流矢量和若大于额定漏电流动作值 $I_{\Delta N}$，漏电保护器会在设计的时间内动作（一般 ≤ 40ms），切断给车辆充电的供电电源使车身不再带电，消除人员接触车身触电的危险，如图 9-41 所示。

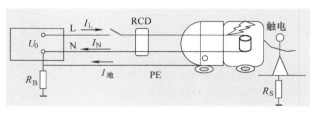

图 9-41　接地线正常情况下的触电示意图

9.7.3　地线故障下的漏电情形

　　在地线故障情况下，车身没有接地，当发生相（火）线绝缘损伤接触车身钣金时，因为车身与大地间有较大的绝缘阻值，所以车身与大地间会有 AC220V 的电压差，当人员接触车辆时会形成触电回路。在安装了保护器的情况下，一旦流过人体的触电电流达到漏电保护器的动作值，漏电保护器就会在规定的时间内动作，切断充电电源，使人员脱离触电危险。

　　通过以上分析可知，漏电保护器是通过监控供电导线电流，并进行矢量和的计算来发现漏电电流从而实现漏电保护的。

　　漏电保护器为什么不通过监控 PE 地线电流来实现触电保护呢？这是因为漏电电流不等同于地线电流，漏电电流并不都是通过地线流入大地的。充电机在车身和大地之间会形成等效电容的两极，在充电系统不漏电的情况下，由于感应作用在 PE 地线上也会形成电流。在试验实测中车辆充电正常不漏电，PE 电线上也有两三百毫安的感应电流。若在 PE 地线上安装异常电流监控装置，则极易受车载电器的电磁干扰引起误动作；若地线一旦断开失效，就会失去保护。因此不能用 PE 地线方法来作为漏电保护器的监控线，来预防触电保障安全。

　　在实际的电动汽车充电设置中，通过 PE 线车身接地、车身等电位、充电供电装置安装保护器等多种措施结合，才能最大限度地保证人员防触电安全。

10.1 制冷系统简介

10.1.1 制冷系统的作用

空调系统的作用（图 10-1）是对室内的空气进行调节，以满足驾驶人和乘客对室内空气的温度、流速及清洁度等舒适性要求。汽车空调系统是实现对车厢内空气进行制冷、换气和空气净化的装置，主要是吸收车内空气的热量和水分，为驾乘人员提供舒适的乘用环境，以提高行车安全。

图 10-1 空调系统的作用

10.1.2 制冷系统的类型

1. 按操作系统的配置分类

汽车用空调主要可分为手动空调、手动电控空调和自动空调三大类，如图 10-2 所示。其中 HVAC（Heating Ventilation Air-conditioning and Cooling）表示暖通空调，本书特指车内空调器总成风门，A/C（Air Conditioning）指空调压缩机开关。

1 手动空调
通过手动,采用机械传动结构控制 HVAC、A/C,风速、温度及出风方向等全部功能

2 手动电控空调
手动控制空调的全部功能,其中包含电动伺服机构,操作阻力屏蔽在电动伺服机构内,操作手感轻,控制水准较高

3 自动空调
与手动电控空调相比,自动空调系统配置了更多传感器(需采集车外温度、乘员室内温度、光照强度等),同时具备空调全自动调节功能,自行运算控制车内适宜的温度

图 10-2 按操作系统的配置分类

2. 按功能分类

可分为暖机空调、冷机空调和冷暖一体空调。其中暖机空调主要应用在高寒地区，如我国的东北、西藏等地区，国外的如俄罗斯等高寒国家；冷机空调主要应用在南方等炎热

国家、地区，如我国的海南、国外的也门、沙特等国家；冷暖一体空调在我国的大部分地区都适用。如图 10-3 所示。

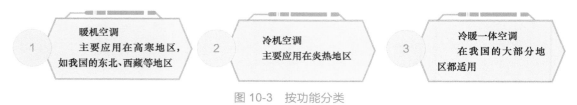

1　暖机空调
主要应用在高寒地区，
如我国的东北、西藏等地区

2　冷机空调
主要应用在炎热地区

3　冷暖一体空调
在我国的大部分地
区都适用

图 10-3　按功能分类

10.1.3　制冷的原理

　　制冷系统的工作是以制冷剂为介质，低温低压气态制冷剂经压缩机压缩后变为高温高压的制冷剂，经冷凝器冷却后温度降低变为液态制冷剂，经膨胀阀膨胀在蒸发器内吸收大量的热量后，再次变为低温低压的气态制冷剂输入压缩机压缩为高温高压制冷剂，完成制冷工作循环。在车内空调器总成 HVAC 内，吸热过程主要在蒸发器内完成，被吸收热量的低温空气由鼓风机吹出与驾乘舱内的热空气进行交换，以降低车内的空气温度。传统燃油车空调压缩机的动力由发动机运转输出，电动汽车空调压缩机的动力由自身的电机提供。制冷系统工作循环如图 10-4 和图 10-5 所示。

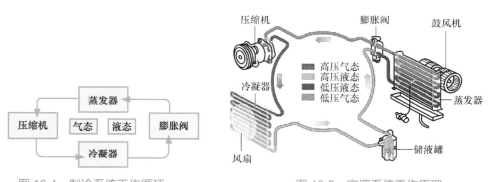

图 10-4　制冷系统工作循环　　　　图 10-5　空调系统工作原理

　　由上述分析得出：在燃油汽车发动机不工作的情况下，空调系统是不能进行制冷制热作业的，而电动汽车则不受限制，在驱动电机不工作时也可正常进行制冷制热工作。

10.2　电动汽车空调系统

　　电动汽车空调压缩机需要电机直接驱动即电动汽车的空调压缩机与驱动电机是一体的，这在结构上与燃油车压缩机完全不同。在电动汽车中用来给空调和制暖系统提供能量的也是为驱动电机提供能量的动力蓄电池。由于动力蓄电池储存能量有限而且充电补充能量时间较长，空调与制暖系统的能耗对电动汽车充电后的续驶里程有很大的影响。

　　电动汽车空调系统与制暖系统的构成和布置方案如图 10-6 所示。压缩机由独立的电机进行驱动，由控制变频器将动力蓄电池的高压直流电改变成频率可调的交流电提供给压缩电机。当空调系统制冷负荷发生变化时，控制器通过调节供给压缩电机电源的工作频率来调节电机转速的变化，进而控制制冷剂的流量，从而调节空调系统的制冷量使驾乘室内的温度得到精确的调节，同时也降低系统的电能消耗量。

电动汽车空调制冷系统的主要由压缩机变频器、电动压缩机、压缩机控制器、冷凝器（包括冷凝风扇）、蒸发器、膨胀阀（或膨胀管）、储液干燥器和高低压管路形成的一个封闭的系统，如图 10-7 所示。

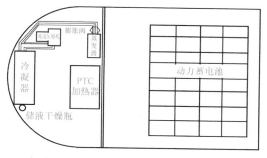

图 10-6　电动汽车空调与制暖系统的构成和布置方案示意图

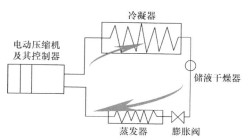

图 10-7　电动汽车空调制冷循环简图

10.2.1　变频器

压缩机变频器的核心技术是 1964 年德国工程师 A.Schonung 等人提出的脉宽调制变频技术（Pulse Width Modulation）。这种调速控制技术的核心部件是逆变器，一种将直流电转变为频率可调的交流电的装置。随着电子技术、微电子技术和单片机控制技术的发展，逆变器的功能日益强大，性价比也越来越高。

电动汽车空调变频器置于空调压缩机控制器内，采用 DC/AC 变换方式，如图 10-8 所示。

该变频器由 6 个开关元件组成，开关元件 1、5，2、6 和 3、4 交替导通对负载（电机）供电，负载得到交流输出电压 U_0。U_0 的幅值由开关元件的控制角 α 决定，频率 f 由开关元件的切换频率来确定，不受电源频率的限制。

在对逆变器的控制中广泛采用脉宽调制（PWM）技术，有控制线路按一定的规律控制开关元件的通断，从而在逆变器的输出端获得一系列等幅而不等宽的矩形脉冲波形来近似等效正弦电压波形。正弦波等效等幅矩形脉冲序列波形，其原理是把一个正弦波分成 N 等分（图 10-9）。然后把每一等分的正弦曲线与横轴所包围的面积都用一个与此面积相等的等高矩形脉冲来代替，矩形脉冲在横坐标的中点与正弦波每一等分的中点相合，由 N 个等幅而不等宽的矩形脉冲所组成的波形与正弦波的正半周等效。同样，正弦波的负半周也可用同样的方法来等效。图 10-9b 所示的一系列脉冲波形就是所期望的逆变器输出的 PWM 波形。当逆变器各功率开关都在理想状态时，由数字电路严格地计算出各段的矩形脉冲宽度，并将此作为控制逆变器开关的导通依据，驱动相应的开关信号输出的波形。该波形应与图 10-9b 所示的形状一致。

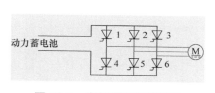

图 10-8　变频器工作原理图

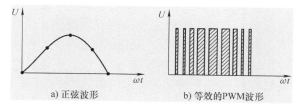

a) 正弦波形　　　　b) 等效的PWM波形

图 10-9　与正弦等效的等幅矩形脉冲序列波

普通燃油汽车使用的是定排量空调压缩机，当驾乘室内的温度降低到设定值时，控制器切断压缩机电磁离合器的电流使压缩机停止工作，空调系统也就停止了吸热制冷，待驾乘室内的温度逐渐升高到设定值时，空调系统控制器再接通压缩机电磁离合器电流，压缩机继续工作空调系统恢复制冷。因此，普通燃油汽车的空调制冷是波动的、不舒适的。在高档汽车上空调系统采用的是变排量压缩机，根据制冷负荷的变化不断地调节压缩机的排量以提高其乘坐的舒适性。在纯电动汽车空调系统中采用变频压缩机，使空调舒适性问题可以得到彻底的解决，同时又降低了能耗。变频空调具有高效节能、体感舒适等优点，同时还可以减小压缩机的启动电流，减小电源设备负荷，防止空调启动时引起同一电源上的其他用电设备工作波动。三种类型压缩机的对比如图 10-10 所示。

图 10-10　三种类型压缩机的对比

10.2.2　压缩机

电动汽车对压缩机的要求首先是效率高，然后是结构紧凑、质量轻、噪声低、成本低，能在各种气候下工作。另外，电动汽车空调压缩机由电机直接驱动，应能适应电机的高转速性能。涡旋式空调压缩机（图 10-11）作为当前活塞式压缩机的换代产品，具有其他压缩机不可替代的优势。涡旋式空调压缩机的原理是利用动、静涡旋片的相对公转运动，形成封闭容积的连续变化来实现压缩制冷的目的。这种压缩机工作可靠，寿命长，容积效率高，吸排气连续，气流脉动小，运转平稳，且转矩变化均匀。

图 10-11　工作中的涡旋式压缩机

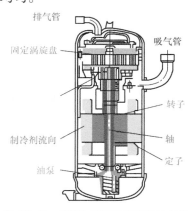

图 10-12　涡旋式空调压缩机的结构

1. 涡旋式空调压缩机的结构与工作原理

涡旋式空调压缩机主要由固定涡旋体（又称静涡旋盘）、转动涡旋盘（又称动涡旋盘）、定子（止推机构）、转子（偏心回转机构）、密封装置及排气阀片等组成，如图 10-12 所示。

2. 工作原理（图 10-13）

涡旋式空调压缩机是由 2 个涡旋体相互成 180° 的角度装配在一起，其中一个被固定（静盘），另一个旋转（动盘）。这一对渐开线形的涡旋体组成 3 对同时工作的压缩腔，动盘一方面沿着很小的偏心距（曲轴回转半径）轨道移动（即摆动），另一方面与静盘接触作相对转动，与静盘形成 3 个变容积的密封腔。每 1 转中，第 1 个腔在吸气，第 2 个腔在压缩气体，第 3 个腔在排出气体。也就是说，压缩机在持续进行吸气、压缩、排气循环，故没有负荷的起伏变化，可以认为负荷不发生变化。因此涡旋式空调压缩机运转非常平稳，这种特性对驱动电机非常有利。动涡旋体 O_2 围绕静涡旋体中心 O_1 作平面运动（无自转）。由图10-13 可以看出涡旋式压缩机从吸气开始到排气压缩的工作过程。

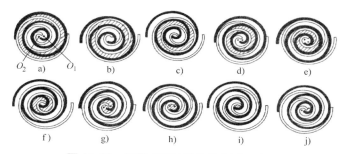

图 10-13　涡旋式压缩机工作原理示意图

a）、b）吸气　c）、d）、e）、f）压缩　g）、h）、i）、j）排气

3. 涡旋式空调压缩机的特点

涡旋式空调压缩机在相同制冷量的条件下，与斜盘式、旋叶式空调压缩机及其他型式的空调压缩机相比具有一些独特优点，如图 10-14 所示。

随着人们对舒适性要求的提高及对能源和环境问题的日益关注，这种高效率、低噪声的空调压缩机在制冷行业得到了迅速的发展。近几年来，涡旋式空调压缩机因为体积小、重量轻、噪声小、无吸气阀、零件少及寿命长等优点，尤其是它的容积效率高，等值排量情况下节约材料，节能性高，在电动汽车上得到了越来越广泛的应用。

10.2.3　膨胀阀与膨胀管（节流管）

膨胀阀是汽车空调制冷系统的主要部件，安装在蒸发器入口处，如图 10-15 所示。它是汽车空调制冷系统的高压与低压的分界点。

膨胀阀的功用是：把来自储液干燥器的高压液态制冷剂节流减压，调节和控制进入蒸发器中的液态制冷剂流量，使之适应制冷负荷的变化，同时可防止压缩机发生液击现象（即未蒸发的液态制冷剂进入压缩机后被压缩，极易引起压缩机阀片的损坏）和蒸发器出口蒸气异常过热。汽车空调制冷系统采用的感温式膨胀阀，也叫热力膨胀阀，是利用装在蒸发器出口处的感温包来感知制冷剂蒸气的过热度（是指蒸气实际温度高于蒸发温度的数值），由此来调节膨胀阀开度的大小，从而控制进入蒸发器的液态制冷剂流量。感温包和蒸发器的出口管接触，蒸发器出口温度降低时，感温包、毛细管和薄膜上腔内的液体体积收缩，膨胀阀阀口将闭合，借以限制制冷剂进入蒸发器的流量；反之，膨胀阀量口将开启，以增加制冷剂流量。

涡旋式空调压缩机的优点

1 **高效节能、可靠性高**

吸气、压缩和排气过程是连续单向进行的，气体泄漏少；因为没有余隙容积中气体向吸气腔的膨胀过程，所以容积效率就高，通常可达到 90%~98%；轴向密封采用柔性机构，摩擦小

2 **启动转矩小，运转平稳，噪声低，振动小**

因为 1 对涡旋体中几个月牙形空间可以同时进行压缩过程，即多腔室连续压缩，数个不同相位的工作循环在同时进行，前一个波峰恰与后一个波谷叠合，故使曲轴转矩变化很小，空调压缩机运转平稳；吸气、压缩和排气是连续进行的，排气阀片的机械撞击和气流脉动几乎不存在，噪声比其他机型普遍低3~5dB，且涡旋式空调压缩机的运动部件作半径很小的圆周运动，惯性力小，所以振动非常小

3 **结构简单，体积小，质量轻**

零件数目与滚动转子式及往复式及空调压缩机的零件数目之比为 1:3:7，因此结构简单，体积比往复式空调压缩机小 40%，质量轻 15%

4 **容积效率高**

因为没有吸气阀，容积效率高，所以运转可靠，特别适用于变转速和变频调速技术

图 10-14　涡旋式空调压缩机的优点

内感温式 H 型汽车空调膨胀阀如图 10-16 所示。在内感温管的下端有隔热柱和导向柱，导向柱与阀针之间有非金属材料制成的内锥形密封圈，依靠其上下受力时的变形，不但保证了阀在调节过程中的灵敏度，同时使阀的气、液腔之间具有良好的密封性能，使阀的内感温管能感受到流过内感温管的气态制冷剂的实际温度，保证了制冷系统的正常工作，提高了制冷效率。

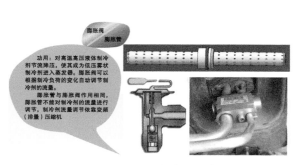

图 10-15　膨胀阀与膨胀管

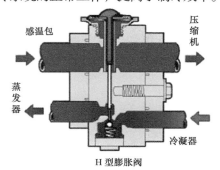

图 10-16　内感温式 H 型空调膨胀阀

膨胀管（即节流膨胀管、节流管）是一根细铜管，装在塑料套管内，如图 10-17 所示。塑料套管外环形槽内装有密封圈，是一种固定孔口的节流装置，其两端都装有过滤网以防堵塞。在整个制冷系统管路中直径最小的就是节流管，经此处的制冷剂因固定截面节流使其压力降低，在此后的蒸发器中，制冷剂因压力低膨胀而吸收热量。节流膨胀管可与变频电动压缩机配合工作，属于 COOT 制冷系统。滤网主要用于灰尘和杂质等的过滤，安装时孔大的或较长的有箭头的一端朝向蒸发器。

图 10-17　节流膨胀管 3D 模型图

附：空调系统膨胀器专利技术介绍　专利号：20150203062565

①技术领域。本实用新型涉及电动汽车技术领域，具体涉及一种电动汽车空调系统膨胀器。

②背景技术。在电动汽车中目前仍在沿用传统燃油汽车的空调制冷系统，在实际使用中发现电动汽车上的电动压缩机与传统燃油汽车的空调膨胀阀不匹配，不能发挥出电动压缩机的效能。

③发明内容。本实用新型专利为了克服以上技术的不足，提供了一种结构简单、能提高电动压缩机效能的电动汽车空调系统膨胀器。

本实用新型专利克服其技术问题所采用的技术方案是：该电动汽车空调系统膨胀器包括：膨胀标定尺，为两端开口内部沿轴向设置有通孔的杆状结构，活动插装于膨胀器中；膨胀器，一端开口，另一端封闭，其内部沿轴向设置有与膨胀标定尺外缘尺寸相配的插槽；N 个透孔，沿轴向间隔设置于膨胀器的外缘上。

为了提高密封性，上述膨胀器的开口端设置有密封圈，所述密封圈的内圈与膨胀标定尺的外缘滑动配合。为了方便装配，上述膨胀标定尺的插入端设置有倒角。为了调节均匀，上述 N 个透孔均分为 M 组，每组透孔之间的间隔一致。为了方便调节，上述膨胀标定尺外表面沿轴向设置有刻度。

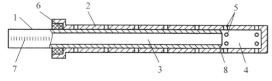

图 10-18　膨胀器结构示意图

1—膨胀标定尺　2—膨胀器　3—通孔　4—插槽
5—透孔　6—密封圈　7—刻度　8—倒角

④附图 10-18 进行说明。

⑤具体实施方式。下面结合图 10-18 对本实用新型做进一步说明。

本电动汽车空调系统膨胀器包括：膨胀标定尺 1 为两端开口内部沿轴向设置有通孔 3 的杆状结构；膨胀器 2，一端开口，另一端封闭，其内部沿轴向设置有与膨胀标定尺 1 外缘尺寸相配的插槽 4；N 个透孔 5，沿轴向间隔设置于膨胀器 2 的外缘上。安装时，将膨胀标定尺 1 涂抹制冷剂冷冻油后活动插装于膨胀器 2 中，组装好后安装在制冷剂的进口管路处，然后用螺栓涂密封剂连接起来，出口处管路采用螺栓密封连接。制冷剂经膨胀标定尺 1 的通孔 3 进入膨胀器 2 的插槽 4 中，由于膨胀标定尺 1 插入深度的不同，其阻挡的透孔 5 的数量不同，因此制冷剂最终从没有被阻挡的透孔 5 中流出。膨胀标定尺 1 插入越深，膨胀器 2 的开启度越小，有效解决了膨胀器与电动压缩机的匹配问题，提高了电动汽车电动压缩机的效能，提高了制冷效果。进一步的，膨胀器 2 的开口端设置有密封圈 6，密封圈 6 的内圈与膨胀标定尺 1 的外缘滑动配合。密封圈 6 可以更好地提高膨胀器 2 与膨胀标定尺 1 之间的密封性能，进一步提高了使用的可靠性。

膨胀标定尺 1 的插入端可以设置有倒角 8。膨胀标定尺 1 通过设置的倒角 8 可以方便插入到膨胀器 2 的插槽 4 中，提高装配效率。进一步的倒角 8 可以为倒圆角或倒钝角。

N 个透孔 5 可以均分为 M 组，每组透孔之间的间隔一致。膨胀标定尺插入深度可以根据每组透孔之间的间隔距离调整，进一步提高了匹配效率。膨胀标定尺外表面沿轴向可以设置有刻度 7，通过读取刻度 7 可以更加便捷地控制膨胀标定尺 1 的插入深度。

10.2.4 蒸发器

汽车空调蒸发器利用低温低压的液态制冷剂蒸发时需吸收大量的热量的原理，把通过它周围的空气中的热量带走，从而达到冷却除湿的目的，并把冷空气送入车厢使车内降温。蒸发器由箱、管和散热片组成。管子穿过散热片，形成小通道以提高传热率。空气流经蒸发器时被冷却，空气中的潮气被凝结并附在散热片上，潮气变成小水滴并保存在滴水盘中，通过排水管排出车外。

蒸发器按结构一般分为管带式、层叠式和管片式三种类型，其中管带式蒸发器由多孔扁管与蛇形散热带焊接而成，如图 10-19 所示。其特点是扁管比冷凝器宽，竖向弯曲易排水。

层叠式蒸发器由两片冲成复杂形状的铝板叠在一起组成制冷剂流道，每两片流道之间夹有蛇形散热带，如图 12-20 所示。虽然加工难度大，但散热效率很高，结构紧凑，散热效率比管带式蒸发器高了 10% 左右。

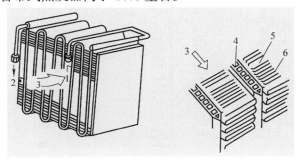

图 10-19 管带式蒸发器

图 10-20 层叠式蒸发器

1—进口 2—出口 3—空气 4—管子 5—翅片 6—散热器

管片式蒸发器是由安装在一系列薄散热片内的制冷剂螺旋管组成，结构紧凑，散热效率高，如图 10-21 所示。

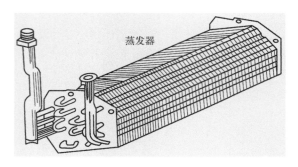

图 10-21　管片式蒸发器实物

蒸发器安装在汽车仪表板内部，因为空调空间有限，所以对蒸发器要求较苛刻，蒸发器要具有制冷效率高、尺寸小、重量轻等特点。在设计时应考虑以下几点：

① 管件的大小和长度。

② 蒸发器片的数量和尺寸。

③ 回转头的数量。

④ 穿过和通过蒸发器片的空气流量。

10.2.5　冷凝器

冷凝器的作用是将压缩机送来的高温、高压的气态制冷剂转变为液态制冷剂，制冷剂在冷凝器中散热而发生状态的改变。因此冷凝器实质上是一个热交换器，将制冷剂在车内吸收的热量通过冷凝器散发到大气当中。电动汽车的冷凝器通常安装在汽车的前面，通过采用专用的冷凝器风扇进行加强散热。

冷凝器的结构如图 10-22 所示，主要由管路和散热片组成，有管片式、管带式和鳍片式三种结构形式。冷凝器的结构从管片式向管带式发展，并主要向平行流动式发展。层叠式和平行流动式的内部结构又在不断发展，以利于进一步提高换热效率和减轻重量。平行流动式冷凝器从单元平行流动式发展成多元平行流动式。由于采取了减薄管片厚度、增加管子内肋片、翅片开切口、改变翅片形状及开口角度等措施，加大了翅片散热面积，强化了气侧和液侧的热交换效率，使冷凝器的尺寸和质量大幅度降低。

图 10-22　冷凝器实物图和 3D 仿真图

冷凝器的安装要求如图 10-23 所示。

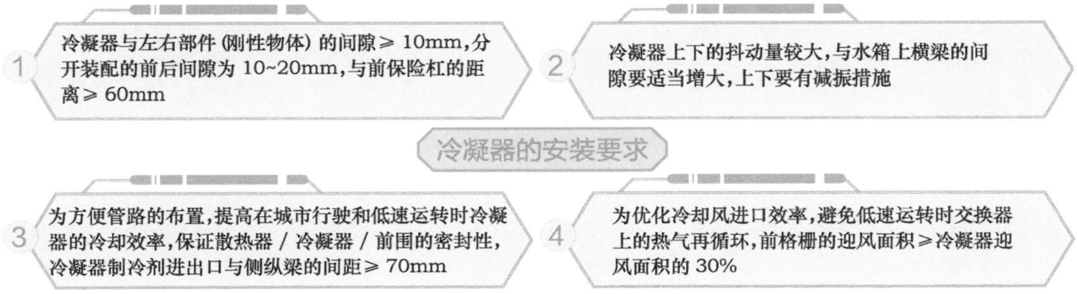

1
冷凝器与左右部件（刚性物体）的间隙≥ 10mm，分开装配的前后间隙为 10~20mm，与前保险杠的距离≥ 60mm
2
冷凝器上下的抖动量较大，与水箱上横梁的间隙要适当增大，上下要有减振措施
冷凝器的安装要求
3
为方便管路的布置，提高在城市行驶和低速运转时冷凝器的冷却效率，保证散热器 / 冷凝器 / 前围的密封性，冷凝器制冷剂进出口与侧纵梁的间距≥ 70mm
4
为优化冷却风进口效率，避免低速运转时交换器上的热气再循环，前格栅的迎风面积≥冷凝器迎风面积的 30%

图 10-23　冷凝器的安装要求

10.2.6　储液干燥器

储液干燥器是空调中非常重要的部件，安装在冷凝器出口位置。如果没有储液干燥器，则汽车空调系统压力无法稳定，冷凝器的能力不能充分发挥，蒸发器膨胀阀不能稳定工作。其作用如图 10-24 所示。

目前常用的是将储液干燥器与冷凝器集成的过冷式冷凝器，如图 10-25 所示。独立式储液干燥器要求装配在与环境温度接近的通风区域，与周边件的间隙≥ 5mm，如图 10-26 所示。

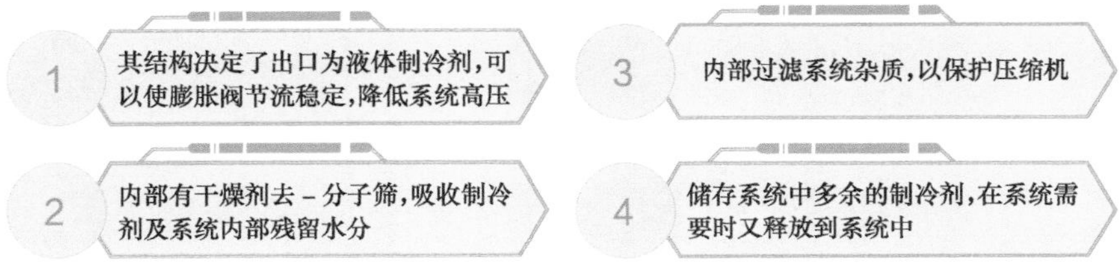

1
其结构决定了出口为液体制冷剂，可以使膨胀阀节流稳定，降低系统高压
3
内部过滤系统杂质，以保护压缩机
2
内部有干燥剂去 – 分子筛，吸收制冷剂及系统内部残留水分
4
储存系统中多余的制冷剂，在系统需要时又释放到系统中

图 10-24　储液干燥器的作用

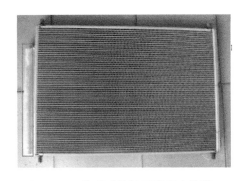

图 10-25　集成式储液干燥器实物图

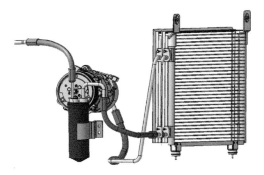

图 10-26　独立式储液干燥器 3 维立体图

10.2.7　空调高低压管路

由于汽车空调的各部件总成一般分散安装在汽车的各个部位，汽车空调管路将这些部件总成连接起来，组成一套完整的汽车空调系统，如图 10-27 所示。如果说压缩机是空调系统的心脏，那么汽车空调管路就是空调

蒸发器
压缩机
气态
液态
膨胀阀
冷凝器

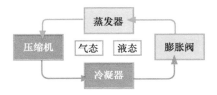

图 10-27　空调系统示意图

系统的血管。汽车空调管路一般由铝管、空调胶管和其他管路附件组成。目前汽车空调中使用的制冷剂为 R134a。

1. 按照压力分类

高压管：由压缩机到膨胀阀之间的汽车空调管路（图 10-27 中红色部分）。

低压管：由膨胀阀到压缩机之间的汽车空调管路（图 10-27 中蓝色部分）。

2. 按照制冷剂状态分类

气态管：管路中制冷剂状态为气态。

液态管：管路中制冷剂状态为液态。

汽车空调管路的组成有铝管、接头（图 10-28）、胶管、铝套、加注口（图 10-29）、视液镜（如图 10-30 所示，一般安装在空调高压管路或储液干燥器顶部）、压力开关（压力传感器）、O 形圈（图 10-31）和塑料堵帽等。

目前绝大多数汽车空调系统所使用的空调管路为高低压分体式，即高压管路和低压管路是两个分开独立的运输管道，如图 10-32 所示。但我们知道，低压管路中的制冷剂是从蒸发器出来的，温度较低，要从环境中吸热保持液态向气态蒸发转化；高压管路是从冷凝器到膨胀器（阀）的，需要散热来提高制冷剂的性能。若将此两者结合到一起，可互为借用彼此互补。

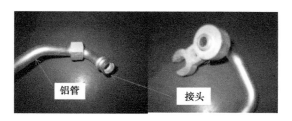

图 10-28　空调铝管和接头实物图

图 10-29　空调铝管与胶管实物图

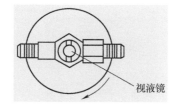

图 10-30　视液镜示意图

图 10-31　O 形密封圈实物图

图 10-32　空调高压低压管路

与同轴空调管路相比，传统空调低压管路不便于低温吸热散失能量，高压管路不便于散热提高性能。低压管路与蒸发器出口相连接，在空调制冷过程中因蒸发器温度较低，由此流出的制冷剂温度也较低。因此在夏季空调制冷过程中会发现在空调的低压管路表面会凝结水滴，这正是低压管路吸热的体现。这部分能量通过低压管热传递形式散发到前机舱，会消耗电量增加压缩机的负荷。空调系统的高压管路与冷凝器、压缩机总成出口连接，空调系统在工作过程中，管内的高温高压制冷剂需要降温，以尽量减低膨胀器出口和蒸发器进口的制冷剂温度，从而提高空调系统的制冷性能。

空调高低压管路结合成一根管路后，通过高低压管在工作过程中自身的温差相互传递能量，能够有效地起到节能、提高制冷系统效能的作用。同轴管路三维工作原理示意图和截面图如图 10-33 所示。通过 37℃ 环境模拟实验和夏季高温试验的数据对比，在同等压缩机功率情况下，同轴管路能够有效地提高空调系统的制冷能力。同时此方案不对整车布置和空调结构造成较大的改动，较为实用，只是同轴管路与传统管路相比加工工艺较为复杂，价格稍高。

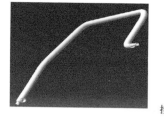
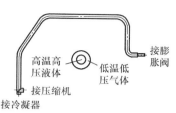

图 10-33   同轴管路三维工作原理示意图和截面图

10.3   空调制冷系统控制电路

电动汽车可以采用独立式的空调制冷系统，不受发动机需将燃料的内焓能转变为机械能的限制。电动汽车空调的控制原理如图 10-34 所示。

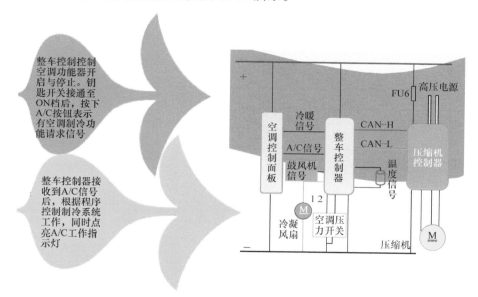

图 10-34   电动汽车空调的控制原理

10.3.1   电动空调系统控制的优点

电动汽车的空调系统完全可以与行车驱动系统分开，成为一个独立的单元。作为独立单元的空调在系统控制方面具有三大优点，如图 10-35 所示。

10.3.2   空调控制电路

图 10-36 所示为某电动汽车的手动独立空调制冷部分原理图。打开 A/C 空调开关，电动压缩机控制器接收到空调开关信号后，在制冷管路内制冷剂压力合适的情况下，压力开关闭合，控制器使压缩机通电，电动压缩机开始工

1 可以在不接通驱动系统的情况下随时开启空调系统，对驾乘室内的温度、湿度等进行舒适度调节

2 可以实现远程遥控开启空调系统，将 A/C 空调开关设置在钥匙按钮甚至车主手机上

3 可以在停车休息时长时间使用空调系统，不必再担心噪声污染和尾气排放污染问题

图 10-35   独立空调的优点

作，建立空调系统的循环压力。此时打开通风开关调节档位，使鼓风机运转转速得到调节，空调即可吹出合适风速的凉风。该车的暖风系统采用的是 PTC 材料加热，为保证安全且不浪费动力蓄电池的电能，暖风开关受钥匙开关控制，须在钥匙开关接通的情况下打开暖风开关，KM 接触器才接通；1.2kW 的 PTC 加热器开始工作取暖。在接通暖风开关的同时，J3 继电器通电接通，使鼓风机以最低的转速运转。

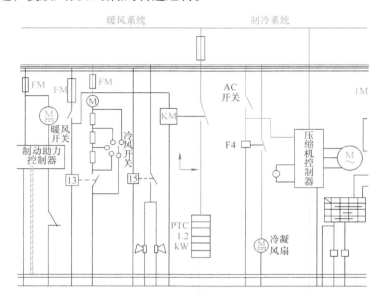

图 10-36　电动汽车的手动独立空调制冷部分原理图

若在此基础上增加光照、车内外温度、蒸发器和 PTC 温度 5 类传感器，再增加进气、空气混合和气流控制 3 类伺服电机和微电脑的控制器，即可实现自动空调控制，如图 10-37 所示。若对微电脑再开发，实现远程遥控开机功能，即可实现电动汽车特有的无需上电就可提前开启空调的功能。在炎炎夏日，可以提前打开空调，使车内温度降低后人员再进入车内。

10.4　基于 CAN 总线的自动空调

随着汽车电子技术智能化、网络化的发展，电动汽车空调比传统汽车

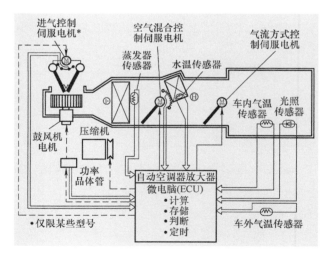

图 10-37　独立全自动空调示意图

空调具有更好的可控性。同时，车联网的核心——智能中控平台已经在汽车上广泛使用，这些中控平台具有大屏幕触控界面，能够开发各种应用程序扩展中控平台的应用功能，这两方面的发展为电动空调的智能化控制提供了条件。

基于 CAN 总线的电动汽车自动空调控制器，取消了传统空调的实体控制面板，改由智

能中控触基摸屏界面控制。用户通过点击智能中控触摸屏的相应界面输入用户需求，智能中控触摸屏将获取的用户输入信息通过 CAN 总线发送给空调控制器，空调控制器根据接受的控制命令来执行控制动作，驱动空调进行工作。这种基于 CAN 总线的空调控制器和智能平台的中控系统结合起来，可以很容易地与其他车载应用组合，实现远程遥控甚至手机智能控制汽车空调开启与关闭，是电动汽车智能化、互联化的一个特性亮点。智能中控平台案例如图 10-38 所示。

10.4.1 总体布局

自动空调总体布局如图 10-39 所示。智能中控在触摸屏上显示虚拟空调面板，并接受用户的触摸输入信息；通过 CAN 总线将用户对空调控制的请求发送给空调控制器；空调控制器读取 CAN 信号后，结合蒸发器温度传感器和 PTC 温度传感器信息，根据空调控制逻辑驱动相应的空调系统执行器动作以实现空调控制，并将当前的空调控制状态通过 CAN 总线以空调反馈信号的形式反馈给空调控制面板的智能中控系统。

图 10-38 智能中控平台案例

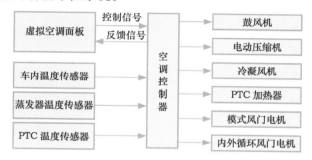

图 10-39 空调总体布局图

该智能空调用户除通过智能中控触摸屏上的虚拟旋钮设定操作空调之外，还可以直接设定所需要的温度和风速，然后由智能控制器实现对空调的自动控制。智能中控系统读取车内温度传感器的信号后，根据当前车内温度传感器和用户设定温度的差值，通过 CAN 总线发出对空调的控制需求，空调控制器收到输入信息后，根据输入信息要求驱动空调工作在相应的制冷或制热状态，从而实现对空调的自动控制。

10.4.2 软件程序

智能中控系统空调的软件程序若采用安卓系统，则只需要开发安卓系统的应用程序。智能中控应用程序的开发逻辑流程如图 10-40 所示。

空调控制器接收到 CAN 总线上智能中控发来的空调控制信号后，需执行对空调的控制动作，空调控制器上需要实现的空调控制流程如图

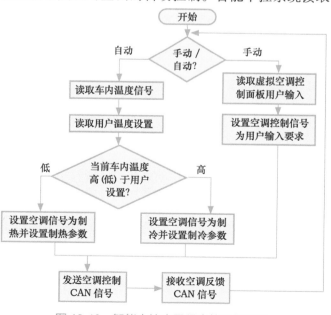

图 10-40 智能中控应用程序的逻辑流程

10-41 所示。

为了实现智能中控和空调控制器之间的通信，也为了实现对整个空调系统的协调控制，需要设置合理的通信协议。在智能中控和空调控制器之间采用 CAN 总线通信后，需协议将空调控制信号和空调反馈信号均设置为单帧信号，每帧信号带有 8 个字节的数据，可以使所有的空调控制信息和空调反馈信息在单帧内完成。空调控制 CAN 信号实例见表 10-1，每个字节代表不同的空调控制功能，字节不同，取值不同，控制要求也不同。

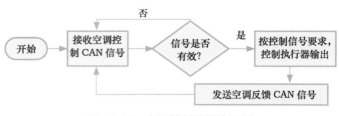

图 10-41　空调控制逻辑流程图

表 10-1　空调控制器 CAN 信号字节功能示例

字节	功能状态
第 1 字节	制热开关控制：0，断开；1，接通；其他值，无效
第 2 字节	制冷开关控制：0，断开；1，接通；其他值，无效
第 3 字节	内外循环控制：0，断开；1，接通；其他值，无效
第 4 字节	吹风方向模式控制：000，吹面模式；001，吹面／吹脚模式；010，吹脚模式；011，吹脚／除霜模式；100，除霜模式；其他取值无效
第 5 字节	冷暖控制：0，最大制冷控制；1-124，制冷效果控制；125-255，制热效果控制；255，最大制热控制；0-255 间的其他取值，按比例分布
第 6 字节	鼓风机档位控制：0，关闭；255，最大风量；其他取值，在最小和最大风量之间按比例分布
第 7 字节	预留
第 8 字节	预留

注：CAN ID:0x100；CAN 总线速率：250Kb/s；发送周期：100ms；发送方：中控；接收方：空调控制器。

空调反馈 CAN 信号实例见表 10-2，每个字节代表不同的空调状态。

表 10-2　空调反馈 CAN 信号字节功能示例

字节	功能状态
第 1 字节	开关状态：00，开关断开；01，制热开关接通；10，制冷开关接通
第 2 字节	内外循环状态：0，内循环状态；1，外循环状态；其他取值，无效
第 3 字节	吹风方向模式状态：000，吹面状态；001，吹面／吹脚状态；010，吹脚状态；011，吹脚／除霜状态；100，除霜状态；其他取值，无效
第 4 字节	冷暖状态：0，最大制冷状态；1-124，制冷状态；125-255，为制热状态；255，最大制热状态；0-255 间的其他取值，按比例分布
第 5 字节	鼓风机状态：0，关闭；255，最大风量；其他取值，在最小和最大风量之间按比例分布
第 6 字节	预留
第 7 字节	预留
第 8 字节	预留

注：CAN ID:0x101；CAN 总线速率：250Kbit/s；发送周期：100ms；发送方：空调控制器；接收方：中控。

10.4.3 硬件电路

电动汽车的传感器、执行器可沿用现有成熟的方案，中控智能面板硬件可选择基于安卓系统、IOS 或 Wince 的车机产品。目前市场上应用较多的是基于安卓系统的车机产品，空调智能中控面板只需要选择带 CAN 通信功能且能支持读取温度传感器信号的安卓车机产品即可。与传统空调器相比，智能面板取消了实体控制面板，改由 CAN 总线接受空调控制要求，再增加更改对鼓风机的自动控制驱动电路（因为传统空调是串入不同电阻来实现对鼓风机转速档位调整的）。空调控制器的整体硬件框图如图 10-42 所示。

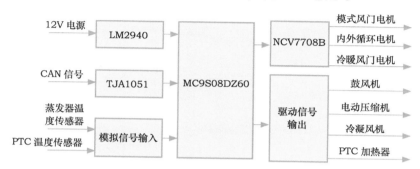

图 10-42 空调控制器硬件框图

该控制器的主控芯片采用飞思卡尔的 MC9S08DZ60 为主控芯片，此芯片是一款价格低廉性能强大的 8 位单机片，主频 40MHz，具有 4KB 的 RAM 和 60KB 的 Flash 接口，具有 1路 CAN、1 路 SPI 和 24 通道的 12 位 ADC。电源芯片选用 LM2940 电源稳压芯片，可以将车上的 12V 电源转换成 5V 稳定电源为主芯片 MC9S08DZ60 供电。由于 MC9S08DZ60 只有一个 CAN 通信模块，只需增加一个 CAN 收发器 TJA1051 即可实现 CAN 总线通信。选用安森美的 NCV7708B 电桥驱动器对 3 个风门电机进行驱动。

10.5 制冷系统的故障与维修

10.5.1 控制原理

与传统燃油汽车空调压缩机的驱动方式不同，电动汽车使用的是电动压缩机，采用变频的方式工作。供电频率高，压缩机转速快，空调器制冷量就大；而当供电频率较低时，空调器制冷量就小。变频空调的核心是它的变频器，它通过对电压的转换来实现电机运转频率的自动调节。变频空调每次开始使用时，通常是让空调以最大功率、最大风量进行制冷，迅速接近所设定的温度。当空调高功率运转、迅速接近所设定的温度后，压缩机便在低转速、低能耗状态运转，仅以所需的功率维持设定的温度。这样不但温度稳定，还避免了压缩机频繁地开开停停所造成的寿命衰减，而且耗电量大大下降，实现了电动汽车空调高效节能的目的。

1. 空调的控制方式

某电动汽车的空调控制原理如图 10-43 所示。

该车利用整车控制器控制空调功能的开启与关闭，上电开关接通后按下 A/C 开关按钮，表示空调制冷功能需求输出，此时整车控制器接收到 A/C 请求信号，同时 A/C 开关上的工作指示灯点亮，整车控制器根据内部设定的程序来控制制冷系统工作。另外也有的电动汽车采用单独的空调控制器来控制空调系统工作。

2. 冷凝风扇的控制

电动汽车空调冷凝风扇与散热系统冷却循环使用的是同一电子扇，其运行与否和制冷管路内的压力、驱动电机、驱动电机控制器和动力蓄电池等的温度有关，冷凝风扇的工作条件如图 10-44 所示。

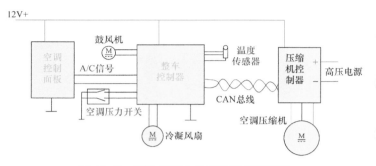

图 10-43　某电动汽车的空调控制原理图　　　图 10-44　冷凝风扇的工作条件

3. 空调系统的控制器通信

（1）空调控制器与 PTC 控制器的通信

某空调控制器与 PTC 控制器通过 500kbit/s 的 CAN 总线网络交换信息，其通信原理图如图 10-45 所示。

根据 CAN 总线的报文协议，在冷暖调节至暖区时，空调控制器发出 PTC 控制器工作命令，当环境温度大于 30℃时不允许 PTC 加热器工作。当收到整车控制器停机命令后，不允许启动 PTC 控制器进行加热工作控制，若已经启动会及时停止 PTC 的工作。在 PTC 控制器启动状态下，若乘员关闭空

图 10-45　空调控制器与 PTC 加热控制器的通信图

调，则鼓风机延时 5s 后停机，同时风向调整至吹足模式，此延时状态仅用于 PTC 控制器散热。

（2）空调控制器与压缩机控制器之间的通信

空调控制器与 PTC 控制器也是通过 500kbit/s 的 CAN 总线网络交换信息。在按下 A/C 制冷功能按键后，A/C 工作指示灯点亮，并自动启动联动内循环；在冷暖调节至相应的区间后且空调管路内的最低压力足够则启动空调电动压缩机。若不具备冷暖调节至相应的区间后且空调管路内的最低压力，则只表示目前处于制冷需求状态，不表示实际电动压缩机工作。电动汽车空调系统制冷的实际工作，受蒸发器温度（温度过低不工作）、冷暖调节空间、空调管路压力和整车控制器等多种因素控制，A/C 开关只是驾乘人员对空调的需求信号。在待机停车非车辆运行时也可操作此按键唤醒空调，启动制冷功能。

（3）空调的控制命令

根据报文协议，控制命令应能控制电动压缩机起停，同时发出使能工作目标转速信息，压缩机的目标转速根据制冷程度高低，分别对应的选择最冷是 3500r/min，中冷是 2500r/min，一般制冷是 1500r/min。冷暖调节为中间状态或制暖状态时，不允许电动压缩机工作，蒸发器温度目标控制上下限分别是 1℃和 4℃。当环境温度低于 5℃时，不允许电动压缩机工作。在收到整车控制器停止压缩机工作命令后，不允许电动压缩机工作；若此时已启动电动压缩机，

也会立即停止制冷工作。

10.5.2 常见故障及排除

电动汽车空调制冷系统的常见故障与传统燃油汽车的空调制冷系统的故障一样，也分为不制冷故障、结霜故障和异响故障三类。其故障现象和排除方法见表10-3。

表10-3 空调常见故障及排除方法

故障	现象	原因及判断	排除方法
空调不制冷	压缩机不工作	电器故障	查明原因予以排除
	高压低压均低	制冷剂不足或泄漏	补充制冷剂
	高压低压均高	制冷剂过多	适当释放制冷剂
蒸发器及低压管路结霜	高压正常，低压偏低	蒸发器温度传感器失灵、位置失当或控制器失灵	调整传感器位置；更换蒸发温度传感器或控制器
压缩机异响	压缩机振动、异响	① 固定减振螺栓松动或减振件安装失当 ② 有液击现象	重新选择减振件、更换固定压缩机
制冷循环系统内堵塞	高压正常，低压过低	① 制冷剂中有水分造成冰堵 ② 系统中有其他污染物造成膨胀阀或膨胀管堵塞	① 更换储液干燥器、膨胀阀等堵塞部件 ② 重新加注制冷剂和冷冻润滑油

1. 电动汽车空调的电气故障

电动汽车空调的电气故障包括CAN总线通信故障、欠电压故障、过电压故障、过热和过电流故障五类。其常见故障诊断与排除见表10-4。

表10-4 电动空调系统常见电气故障诊断与排除

故障类型	故障原因	检查或排除
CAN总线通信故障	压缩机在运行过程中要不断地接收来自CAN总线的信号，超过5s未收到有效的CAN总线信号，则判为有故障，将执行停机操作	检查线路是否中断、控制器是否未发送信号
欠电压故障	当空调控制器输入电压低于额定电压时，进入欠电压故障模式	观察仪表显示是否有警告灯
过电压故障	当空调控制器输入电压高于额定电压时，进入过电压故障模式	观察仪表显示是否有警告灯
过热报警	控制器通过内部传感器实时检测IGBT模块的温度，当该温度大于90℃时，控制器发出压缩机停机指令并上报过热报警信息	观察仪表是否有警告灯，听控制器是否有蜂鸣声
过电流故障	控制器在运行过程中，如果载荷超过系统最大负载能力或出现较大扰动时，会造成系统输出相电流变大。当相电流达到硬件设定值时将触发硬件过电流保护功能，控制器立即停止运行并通过CAN总线上报故障信息	减小负载

2. 空调制冷系统维修的注意事项

电动汽车空调制冷系统维修的注意事项如图10-46所示。

①检测空调高压电路部分电阻值不低于20MΩ。
②拆解空调管路后应及时密封各管路开口，防止水或潮湿空气和杂质等进入管路系统。
③安装空调管路时注意管口清洁，连接O形密封圈须涂抹冷冻润滑油。
④注意冷冻油型号与制冷剂是否匹配，不可乱用以防止发生化学反应。
⑤加注制冷剂时注意加注量，不宜过多或过少。
⑥注意个人皮肤和眼睛的防护。

空调维修
注意事项

图 10-46　空调制冷系统维修的注意事项

3. 制冷系统故障排除流程

电动汽车空调制冷系统故障排除流程如图 10-47 所示。

1　确认操作是否正常　　2　检查系统压力是否正常　　3　检查空调系统电路是否有短路、断路，插接件是否接触不良

4　检查空调控制器，整车控制器输入 / 输出信号是否正常，检查电动压缩机控制信号是否正常　　5　若无外围元件故障，则可确定为压缩机自身故障

图 10-47　空调制冷系统故障排除流程图

10.6　制冷系统试验

电动汽车或其他汽车全电动化空调，维修完成后应分别在静态和动态两种情况下进行试验，以验证空调效果。汽车空调不仅要进行性能试验，对压缩机应进行耐久性试验，还要进行整车的环境试验。例如，在车速、日照、降雨等环境条件变化时，采集车内的温度变化、降温 / 升温速率等数据。

电动汽车空调及汽车全电动化空调设计装配完成后，一般应分别在静止状态和动态（行进状态）进行下列三项试验：空调整机性能、电量消耗试验；空调的压缩机试验；空调整车环境模拟试验。

（1）试验仪表

① 测温仪，精度 ±0.1℃。

② 湿度仪，精度 ±1%RH，分辨率 0.1%RH。

③ 阳光辐射强度计，精度 ±2%。

④ 测风仪，精度 ±0.1m/s。

⑤ 空调压力表，精度 +0.1kPa。

⑥ 钳形电流表，精度 1A。

（2）试验前准备

① 记录试验车的厂名、型号、VIN 码、实验日期。

② 检查车辆各部件的完整性和技术性，使其完全符合相关技术要求。

③ 确认空调设备的安装达到设计要求且工作正常。

④ 将钳形电流表卡于压缩机控制器的电源输入端。

⑤ 确认空调各出风口处于设计的全开位置。

⑥ 对主要测点进行数据检测：环境温度，环境相对湿度，太阳辐射强度，蒸发器各出风口的温度、风速，蒸发器回风口温度，乘员席上部空气温度，冷凝器进风温度、出风温度；压缩机吸气温度、排气温度，压缩机吸气压力和排气压力等。

（3）试验环境条件

可在环境舱内、室外进行静态试验，也可在室外行驶条件下进行动态试验，这 3 种方法是各自独立的，可任选一种或两种方法进行试验。可按表 10-5 给出的试验环境条件进行充分设置。

表 10-5 试验环境条件

试验类型	温度 /℃	相对湿度（%RH）	阳光辐射强度 /（W/m²）	风速 /（m/s）
环境舱	38 ± 1.0	50 ± 5	1000 ± 25	0
室外静态	≥ 35	40~75	≥ 800	≤ 5
室外动态				

（4）试验方法

① 车辆空调通电开始前，记录各测试点的初始读数。

② 车辆通电后，开启空调冷气全开，按表 10-6 的试验程序开始试验。

③ 以一定的时间间隔连续记录各点的监测数据，或用数据采集仪采集各点数据直至试验完毕。

表 10-6 试验程序要求

类型	车速 /(km/h)				
	静态		低速	中速	高速
	0		30~50	60~80	90~120
	时间 /min	压缩机噪声	时间 /min	时间 /min	时间 /min
室外静态	45	车内 45dB			
环境舱	45	车外 55dB	45	15~20	15~20
室外动态			45	30	30

一般试验的时间间隔为 5min，将各点的测量数据汇总在一起查看分析，必要时将某点的测量值连接成时间 - 数据坐标图进行分析。

11.1　制暖系统简介

传统燃油汽车制热是利用发动机的工作余热，将用于发动机散热的冷却液引入车内空调器总成 HVAC 的散热芯体中加热周围空气，再经鼓风机将热空气吹出散发到驾乘舱室进行热交换。电动汽车与传统燃油汽车采暖系统的区别在于，电动汽车不像燃油汽车的发动机有余热，不能提供作为冬天采暖用的热源，必须重新开发设计供暖系统。

电动汽车的制暖方式目前有三种，其特点如图 11-1 所示。

图 11-1　电动汽车三种制暖方式的特点

① 热源式。热源式制暖是继续沿用燃油车用发动机产生热源的设计思路，再制造设计一产热源，然后将产生的热量经鼓风机吹出散发到驾乘舱室进行热交换，这种方式称为吹风式制暖。

② 热泵式。热泵式加热是在电动压缩机制冷回路的基础上增加电磁阀控制制冷剂的流向，通过蒸发冷凝器中的制冷剂从周围环境中吸收热量，再通过室内蒸发器冷凝释放热量，使室内温度升高。

③ 远红外式。根据电动汽车没有发动机余热的特点进行重新设计正向开发，使用新型远红外制暖材料设计开创电动汽车全新的制暖模式。

11.1.1　热源式制暖

根据热源不同，分为燃烧制暖和电加热（PTC）制暖两种类型。

1. 燃烧制暖

燃烧制暖主要是利用燃油（燃气）在加热器中燃烧产生热量，对加热器周围的空气或水进行加热再利用风扇循环车厢内的空气来提高车厢内的温度，如图 11-2 所示。它主要由电机风扇部分、通风换热部分、雾化燃烧部分和燃烧废气排除管道四部分组成。

工作原理：当打开暖气开关时，电磁阀通电打开，同时电机带动油泵工作，雾化器、大风扇、小风扇一起旋转。油泵将燃油送到雾化器，与小风扇吸入的空气混合形成雾化后，（燃气不需要雾化直接供入燃烧室）被电热塞的电热丝点燃；混合气燃烧后电热塞停止工作，燃料在燃烧室内继续燃烧，通过热交换装置把热量传给大风扇吸入的冷空气，使其温度升高变成热空气，再从出口送到驾乘室内或其他需要加热的前风窗玻璃等需要除霜的场所；燃烧所产生的废气通过废气管排出车外。

水暖式燃油加热器的结构如图 11-3 所示，主要由电机泵气部分、通水换热室、雾化燃烧室和燃烧废气排除管道四部分组成，其工作原理与空气式加热器类似。

这种独立式燃油或燃气采暖系统的特点是热效率高，热容量大，取暖迅速，一般应用在高寒地区。缺点是没彻底解决乘用车辆使用石化燃料燃烧和排放污染问题。

图 11-2　燃烧制暖

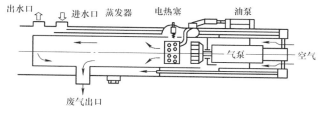

图 11-3　水暖式燃油加热器结构示意图

2. 电加热制暖

目前多数电动汽车采用的是 PTC（Positive Temperature Coefficient）材料空气加热器。该加热器能自动控温，具有缺风自动保护（最高温时）功能，安全性较高。其实物及安装如图 11-4 所示。

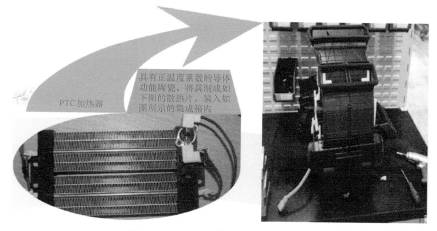

图 11-4　PTC 加热器实物及安装图

（1）PTC 加热器控制

PTC 控制模块接收加热请求信号，同时根据整车控制器、压缩机控制信号、PTC 内部传感器温度信号，综合控制 PTC 的通断。其原理如图 11-5 所示。

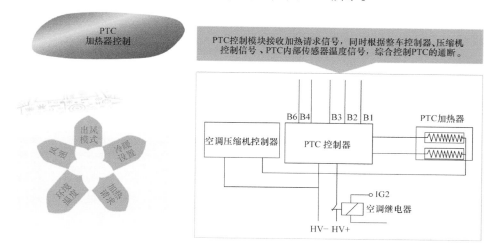

图 11-5　PTC 加热器控制原理

（2）PTC 材料特性

PTC 热敏陶瓷材料是具有正温度系数的导体功能陶瓷，主要有电阻 - 温度特性和电流 - 时间特性两大特性，使其满足了电动汽车取暖加热的需要。

① 电阻 - 温度特性是指在规定的电压下元件功率电阻值与其电阻体温度之间的关系，如图 11-6 所示。图中 T_c 是 PTC 半导体元件相变的开始点，即居里温度点，当加热 PTC 材料达到该温度时，元件电阻值会急剧上升直到最大电阻值。

② 电流 - 时间特性是指当 PTC 元件两端加上额定电压工作时，流过元件的电流与时间的关系，如图 11-7 所示。

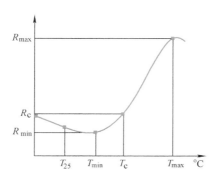

图 11-6　PTC 元件电阻 - 温度特性图

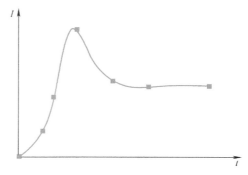

图 11-7　电流 - 时间特性图

T_{max}—指元件可达到的最高温度值　T_{min}—元件（正常）呈现最小电阻时的温度　T_{25}—标准室温 25℃　R_{max}—最大电阻，是指元件达到最高工作温度时的电阻值　R_{min}—最小电阻，是指元件（正常）可呈现的最小电阻值

PTC 元件通入额定电压后电流升高，直到电阻最小 R_{min} 时电流 I 达到最大值，然后通电电流急剧下降直到 PTC 的相变点 T_c。电流降低会使 PTC 元件的温度降低，温度降低又会导致 PTC 元件的阻值下降，当阻值下降到 PTC 元件的居里点 T_c 后，因阻值下降通过 PTC 元件的电流又开始升高，电流升高温度即升高，又会导致阻值升高电流减小，如此一来 PTC 元件会自动维持在一定的通过电流并保持平衡，PTC 元件也就自动维持在一定的温度不变。调整 PTC 材料的不同比例即可调整其材料的居里点 T_c，进而调整 PTC 元件温度的高低。

（3）PTC 加热器的特点

PTC 加热器的特点如图 11-8 所示。

11.1.2　热泵式制暖

热泵式制暖是在电动压缩机制冷回路的基础上增加电磁阀控制制冷剂的流向，通过蒸发冷凝器中的制冷剂从周围环境中吸收热量，再通过室内蒸发器冷凝释放热量，使室内温度升高，满足除霜除雾的法规要求并为驾乘人员提供舒适的温度环境。热泵式循环图如图 11-9 所示。

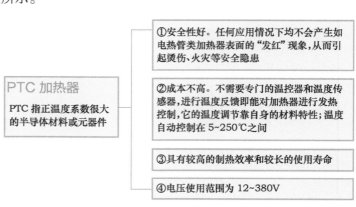

图 11-8　PTC 加热器的特点

该热泵式空调系统采用的是电子式膨胀阀、制冷/制热电磁阀、加大的冷凝蒸发器以及适应热泵循环模式工作的空调管路。

该热泵式空调系统的制热工作原理是：当开启空调制热模式时，制热电磁阀通电打开，制冷剂在压缩机的工作下建立压力并开始制热模式循环，高温高压的气态制冷剂在车厢内的热泵加热芯释放热量后进入储液干燥器，通过电子膨胀阀后在蒸发冷凝器内蒸发吸收空气中的热量，然后在电动压缩机的作用下再次吸入压缩形成高温高压气态制冷剂继续进行循环。

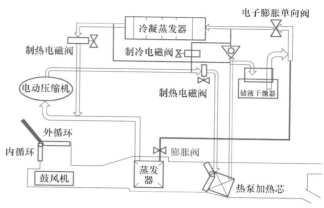

图 11-9　热泵式循环图

该热泵式制热模式的优点是在一定环境温度条件下系统效率高，在产生相同热量的前提下理论上比电加热方式消耗的电量少，可节约电能增加电动汽车的续驶里程。但缺点是关键部件技术还不够成熟，且系统结构复杂，效果也不够理想。尤其是严冬季节，当外界温度为零下二三十度，甚至更低的时候性能就会变得很差了。热量转移在车辆上是有限度的，不可能把冷凝器做得很大来吸收外界的热量，以供应车内人员采暖的需要。

11.1.3　远红外式制暖

电动汽车取消了发动机，在工作过程中没有余热产生，为了解决冬季车内驾乘人员取暖、前风窗玻璃化霜、除雾问题，需要消耗大量的电能（2~3kW 的功率），但电动汽车所携带的电量是有限（仅几十千瓦时）。目前大多电动汽车主要采用 PTC 加热器，继续沿用原来风道吹暖风的方式进行制暖。吹风式制暖系统对于电动汽车制暖效率低，车内升温慢，热量损失大，驾乘人员感觉取暖效果差，消耗电量多，并缩短电动汽车的续驶里程。

目前公司（如炙三三公司）研究提出了一种电动汽车远红外制暖系统，解决了现有技术中由于采用风道吹暖风的方式而导致的制暖效率低、车内升温慢、热量损失大、驾乘人员感觉取暖效果差，消耗电量多，以及缩短电动汽车的续驶里程等问题。电动汽车远红外制暖系统，采用若干块电热膜铺设于驾驶乘员室内脚垫、腿垫、坐垫、靠背垫和仪表台上，通过控制装置电连接电源后发热。该远红外制暖系统所采用的电热膜贴近人体，取暖速度快，而且发热效率高，每个座位上设分控制开关，控制每一片属于该座椅乘员的加热垫工作，达到独立控制的同时又能够通过总开关进行总控制。贴近人体加热仅有二三百瓦的功率，仅为吹风式制暖消耗电量的十分之一，节能效果显著。该远红外制暖系统的电路原理如图 11-10 所示。

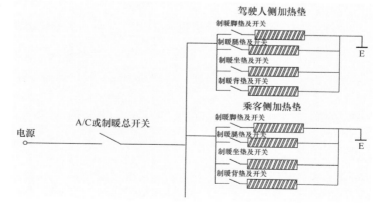

图 11-10　远红外制暖系统电路原理图

11.2 PTC 加热器故障诊断与维修

11.2.1 熔断器

熔断器分为快熔式和慢熔式，不同熔断器的材料不同：快熔式熔断器多为锌或锡，慢熔式熔断器多为铜或铜锡合金。对于小电流、短时间脉冲负载，一般选择迷你快熔式熔断器；对于大电流、长时间脉冲电流负载，一般选择慢熔式熔断器。

电动汽车的暖风系统线路对于车辆常用电气系统来说是高电压，应串联高压慢熔式熔断器做线路保护，如图 11-11 所示。

高压熔断器的选用主要是根据熔断器额定电压和额定电流来确定。额定电压应

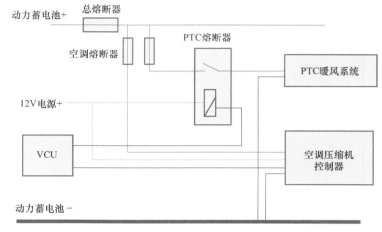

图 11-11 暖风及空调系统回路图

大于动力电源的最高工作电压 10%；熔断器额定电流的选择，应参考以下公式计算进行：

$$I_n = \frac{I_r}{K_1 K_2} \tag{11-1}$$

式中，I_n 为熔断器额定电流（A）；I_r 为保护电路的负载电流（A）；K_1 为负载形式校正系数，主要根据负载特性、功率变化、启动和关断瞬间冲击电流等因素考虑，平稳运行负载选 0.75，负载工作电流波动较大的选 0.6；K_2 为温度校正系数，主要根据使用环境温度和熔断器温升情况选择，电动汽车无明显高温产生区域，一般为 0.6。

由式（11-1），根据以上选择系数，代入参数 I_r=20.83A 计算得熔断器额定电流 I_n=46.29A，根据熔断器的规格型号，此 PTC 加热器选择 50A 的规格较为合适。

11.2.2 常见故障分析及故障诊断流程

PTC 加热器常见故障分析见表 11-1，空调制热系统故障的排查流程如图 11-12 所示。

表 11-1 PTC 加热器常见故障分析

故障	现象	原因与判断	检查与排除
PTC 控制器不工作	加热启动功能设置后仍为凉风	① 冷暖模式设置不正确 ② PTC 控制器本体断路 ③ PTC 控制器回路断路 ④ PTC 高压熔丝断路	① 检查冷暖模式设置是否选择在制暖模式 ② 断开高压插件后测量 PTC 是否通路 ③ 断开低压插接件，测量两极是否通路 ④ 更换 PTC 控制器和高压熔断器
PTC 控制器过热	出风口温度异常高，或在出风口处闻到焦糊味	PTC 控制器模块损坏粘连不能正常断开	关闭制热功能，断电检查 PTC 控制器加热器和 PTC 控制器模块

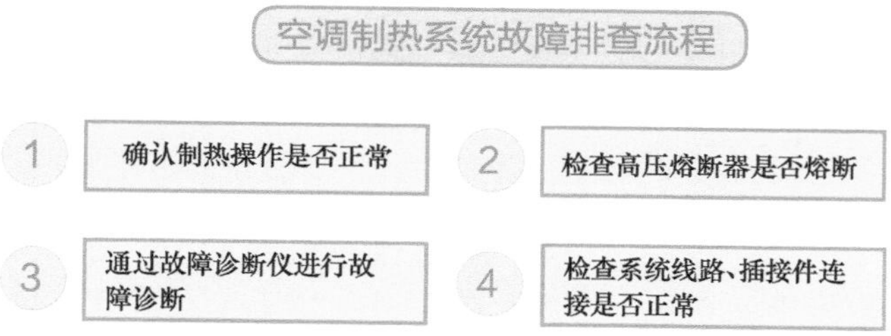

空调制热系统故障排查流程

1	确认制热操作是否正常	2	检查高压熔断器是否熔断
3	通过故障诊断仪进行故障诊断	4	检查系统线路、插接件连接是否正常

图 11-12　空调制热系统故障的排查流程

11.3　制暖系统试验

电动汽车制暖除热泵式需要等待时间稍长（需要 2~3min）外，其他加热方式均升温迅速，1min 即可。

1. 试验准备

① 记录试验车的厂名、型号、VIN 码、试验天气等。

② 检查车辆各部件的完整性和技术性，使其完全符合相关技术要求，例如对电池电压电量和轮胎气压的检查等。

③ 布置主要监测点：驾驶人、前排乘员位置头部、脚部等处的温度，前风窗玻璃出风口温度、其他乘员脚部、室内空间温度等。

2. 试验方法（图 11-13）

试验总时间为 45min，其中静态 20min，动态 25min。

对试验各测点的测量数据进行汇总查看，若符合 GB/T 21361—2008 的要求或企业自定标准（企业标准一般高于国家标准）即为评审合格。

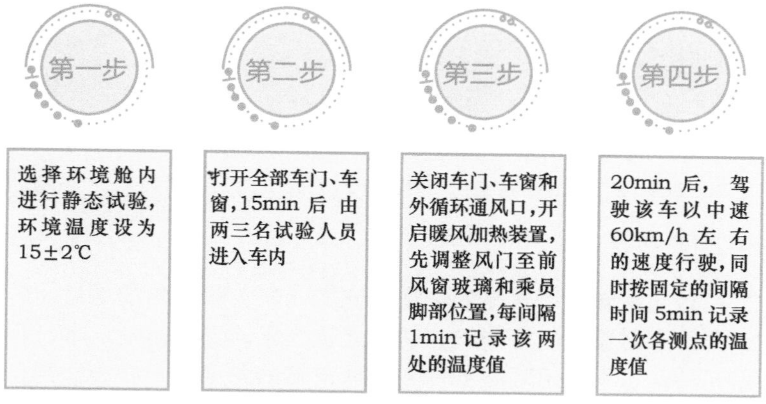

第一步	第二步	第三步	第四步
选择环境舱内进行静态试验，环境温度设为 15±2℃	打开全部车门、车窗，15min 后由两三名试验人员进入车内	关闭车门、车窗和外循环风口，开启暖风加热装置，先调整风门至前风窗玻璃和乘员脚部位置，每间隔 1min 记录该两处的温度值	20min 后，驾驶该车以中速 60km/h 左右的速度行驶，同时按固定的间隔时间 5min 记录一次各测点的温度值

图 11-13　试验方法步骤

12.1　汽车转向系统概述

传统燃油汽车的液压助力转向系统（图 12-1）是依靠发动机运转来带动液压泵工作，只要发动机运转，助力转向的液压泵就处于工作状态，只是阻力大小不同。因此液压转向系统会使整个发动机燃油消耗增加 3%~5%，而电动助力转向以动力蓄电池为能源，以电机为驱动动力源可独立于发动机工作，电动汽车取消了发动机，使用更适合使用独立动力源的电动助力转向系统。电动助力转向系统能够根据汽车转向盘的转矩、转向盘的角度、车速和路况等信息，为驾驶人提供最佳转向助力，使转向更加轻松柔和。另外还能使车辆具有良好的直行保持能力和在颠簸路段反作用的能力，并保证各种行驶工况下的路感。

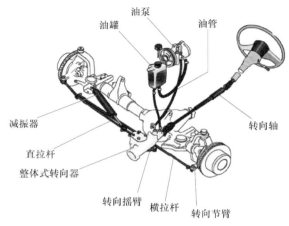

图 12-1　液压助力转向系统

12.1.1　转向系统的作用

汽车转向系统的功能就是按照驾驶人的意愿控制汽车的行驶方向。

12.1.2　转向系统的组成

机械转向系统由转向操纵机构、机械转向器和转向传动机构三大部分组成，助力转向系统是在机械转向系统的基础上加设一套助力转向装置而形成的，如图 12-2 所示。

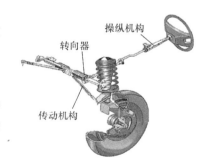

图 12-2　转向系统的组成

12.1.3　转向系统相关参数

① 角传动比：转向盘转角增量与安装在同侧转向车轮偏转角的增量比值，用 i_m 表示。
② 传动效率：转向器输出功率与输入功率之比为转向器的传动效率，用百分数表示。
③ 自由行程：转向盘为消除间隙弹性变形而空转的角度称为转向盘的自由行程（mm）。

12.1.4　助力转向系统的工作原理

当汽车转向时，驾驶人对转向盘施加一个转向力矩。该力矩通过转向轴、转向万向节和转向传动轴输入转向器。经转向器放大后的力矩和减速后的运动传到转向摇臂，再经过转向直拉杆传给固定于左转向节上的转向节臂，使左转向节和它所支承的左转向轮偏转。同时通过转向梯形机构带动右转向节及其支承的右转向轮随之偏转相应角度。助力转向系统是判断驾驶人对转向盘操纵的方向和力度，在车速低时对转向机构起同向助力以减轻驾驶人的操纵强度，在车速高时对转向机构起逆向助力以防止驾驶员过度转向使车辆发"飘"

而造成危险。

12.1.5 对转向系统的要求

对转向系统要求有两项：转向灵敏度高；转向盘操纵灵便，如图 12-3 所示。

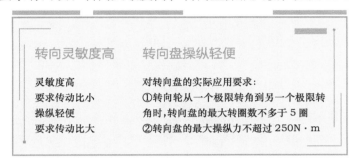

图 12-3 对转向系统的要求

12.2 电动助力转向（EPS）系统

12.2.1 系统特点

最早的 EPS 系统出现在 20 世纪 70 年代中期。这种技术提出的初衷是为了解决汽车行驶中发动机突然停止工作、失去液压助力时的行车安全问题。一旦发动机停止工作，用蓄电池供电的 EPS 系统立即投入工作。这种技术出现后，EPS 系统逐渐成为汽车技术发展的研究热点，但其推广应用进展缓慢，因为 EPS 系统的成本太高。近年来，随着电子技术的不断发展，EPS 系统的成本不断降低，很多车型上应用了这一系统。

对于电动汽车而言，液压助力转向系统和气压助力转向系统都需要利用压缩机先把电能转为液压或气压的机械能的形式，不如直接用电动助力转向系统效率高，而且便于实施智能控制。与液压和气压助力转向系统比较，EPS 系统具有以下特点：

① EPS 系统能在各种行驶工况下提供最佳助力。EPS 系统减小了由路面不平所引起的对转向系统的扰动，改善了汽车的转向特性，减轻了汽车低速行驶时的转向操作力，提高了汽车高速行驶时的转向稳定性，还可通过设置不同的转向手感特性来满足不同使用对象的需要。

② EPS 系统节约了能量消耗。EPS 系统只有在转向时电机才提供动力（与液压助力不同，即使在不转向时，液压泵也一直运转），因而能减少能量消耗。

③ EPS 系统质量小、结构紧凑。EPS 系统取消了液压泵、传动带、带轮、液压软管、液压油及密封件等，其零件与液压助力系统相比大大减少，因此质量更小，结构更紧凑，在安装位置选择方面也更容易，并且能降低噪声。

④ EPS 系统没有液压回路，比液压助力系统更容易调整和检测，也不存在渗油问题，可大大降低维修成本，减少对环境的污染。

⑤ EPS 系统具有良好的调整控制工作的性能。EPS 系统由电机直接提供转向助力，具有调整简单、控制灵活，可在不更换系统硬件的情况下，提供改变控制器软件的设计，十分方便地调节系统的助力特性，使汽车能在不同的车速工况下获得所要求的助力特性。

12.2.2 系统组成

EPS 系统主要由传感器（包括转矩传感器、车速传感器、转向转角传感器）、电子控制单元、执行机构（助力电机、电磁离合器、齿轮减速及传动件）和机械部分四大部分组成，如图 12-4 所示。

电子控制单元根据转向盘的角度、转矩和车速等信号，计算所需要的转向助力的转矩，并通过功率放大模块控制助力电机的转动；电机输出经过减速增矩后驱动转向机构产生相应的转向助力。电控电动助力转向系统的结构示意图如图 12-5 所示。目前 EPS 系统分为管柱助力式、齿轮助力式和齿条助力式三种形式，如图 12-6 所示。

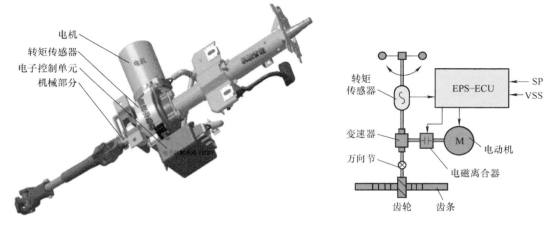

图 12-4　EPS 系统的组成　　　　图 12-5　电控电动助力转向系统结构示意图

1. 转向助力电机

电机是执行控制指令的一个执行机构，其功能就是根据控制指令输出合适的转动方向和合适的转矩，输送给转向拉杆，以帮助驾驶人更加灵活、轻便、准确、稳定地完成转向的功能。EPS 系统对电机的要求是低转速大转矩、波动小、转动惯量小、尺寸小、质量小，而且可靠性高、易于控制。在设计上常常对原有电机做一些改进以满足 EPS 系统的要求，如沿转子的表面开一些斜槽或螺旋槽、定子磁铁设计成不等厚的形状等。

永磁同步电机具有高功率、高功率因数和高转矩惯性比等优点，是 EPS 系统的理想电机。这种电机无机械换向器和电刷，结构简单，体积小，运行可靠，环境适应能力强，且比功率大。

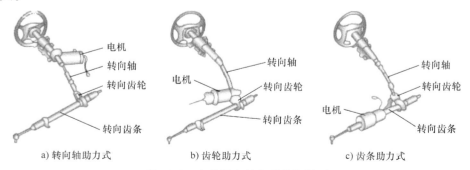

a) 转向轴助力式　　　　b) 齿轮助力式　　　　c) 齿条助力式

图 12-6　电动助力转向系统的类型

转向助力电机安装在转向器上，由蜗轮蜗杆和直流电机组成。直流电机分有刷电机和无刷电机两种。当蜗杆与安装在转向器输出轴上的蜗轮啮合时，将降低电机转速并把电机输出转矩传递到输出轴。电动助力转向系统多采用永磁直流电机，用 12V 低压电供电。其正反转的工作原理如图 12-7 所示。

A_1、A_2 为转矩转角传感器提供转向触发信号的输入端，当 A_1 得到高电位出发信号时，三极管 VT_2、VT_3 导通，电流经 VT_2、电机、VT_3 形成回路，电机正转；同理当 A_2 得到高电位触发信号时，VT_1、VT_4 导通，电机反转。

2. 转矩转向传感器（图 12-8）

其作用是将转向盘上操作力的大小和方向转换为电信号，传递到电动助力转向系统的 ECU 上。

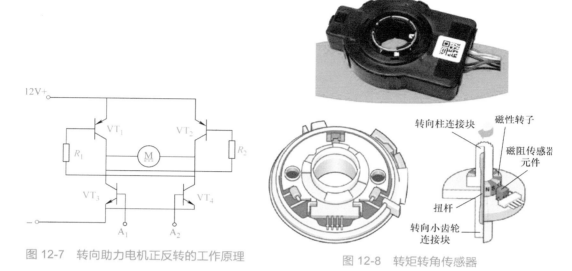

图 12-7　转向助力电机正反转的工作原理

图 12-8　转矩转角传感器

12.2.3　工作原理

当上电开关接通时，ON 档继电器闭合，电动助力转向系统开始进入工作状态；当电动助力转向系统正常工作时，接收来自整车控制器的车速信号、唤醒信号和转矩传感器的转矩信号等进行综合运算，以控制电动助力转向系统电机的转矩、转速和方向。转向控制器在供电 200ms 内完成自检，供电 200ms 后可以与 CAN 总线交换信息，供电 300ms 后可输出 500 帧数据，以上报转向系统的故障或运行状态数据。当电动助力转向系统检测到故障时，可通过 CAN 总线或其他数据线向整车控制器发送故障信息，并采取相应的处理措施。电动助力转向系统的工作原理电路如图 12-9 所示；电动助力转向系统的工作程序如图 12-10 所示。

12.2.4　控制原理

电动助力转向系统的助力作用受整车控制器控制，在车辆低速转向时助力作用强，随着车速的升高助力作用逐渐减弱。当车速达到一定车速（30km/h）时，转向完全变

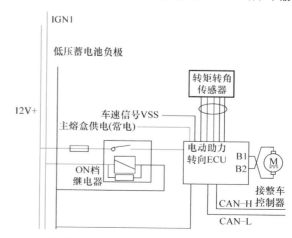

图 12-9　电动助力转向系统的工作原理

为人力操纵；当车速升高到一定车速（54km/h）时，转向助力又变成转向阻力，以防止在高车速时转向过轻造成的车辆发"飘"，以提高高速行车的稳定性。某电动助力转向电机的工作电流如图 12-11 所示，在车速较低时，助力电机输入正向电流，系统起作用，可以获得较轻便的转向特性；在高车速时，助力电机输入反向电流助力，系统起反向作用，可以获得阻尼的转向特性，以保证车辆高速的行车安全稳定性；在车辆中速时，助力电机不通电，系统不起作用，以节省电能，获得完全的转向路感。

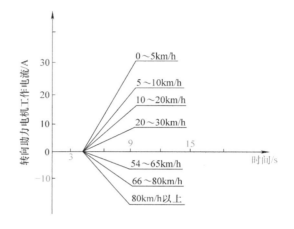

图 12-10　电动助力转向系统的工作程序　　　　图 12-11　某电动助力转向电机的工作电流图

12.3　电动助力转向系统常见故障及排除

电动助力转向系统的可靠性较高，一般很少出故障。常见故障有三种，分别是转向沉重、转向不平顺和转向摇摆。其故障检查排除见表 12-1。

表 12-1　电动助力转向系统故障检查排除表

故障	步骤	检查操作	是	否
（1）转向沉重	①	相关熔断丝是否完好	进入第 2 步	更换熔断丝
	②	检查助力转向控制器常电源端是否有 12V 电压	进入第 3 步	转向控制器常电源断路，应修复
	③	打开钥匙开关，检查助力转向控制器 IG 信号电源是否有 12V 电压	结束	转向控制器 IG 信号电源断路，应修复
（2）转向力不平顺	转矩传感器、控制器、电机性能不良		更换	对比试验
（3）转向摇摆	转向盘自由行程、前轮定位、机械装配、磨损间隙		调整维修	校正

13.1 仪表的结构和指示符号

电动汽车的仪表是从传统汽车仪表的基础上发展而来的，而且车速里程表仍然是主要的显示部分，如图 13-1 所示。该仪表是一块带有 CAN 总线接口的数字仪表，可以与整车控制器、电机控制器和电池管理系统实现 CAN 总线通信。

13.1.1 仪表的结构

电动汽车仪表由车速表、电池电量显示表、电机功率显示表、电压表等组成。按图 13-2 给出的一个示例：其中车速表和电机功率显示表采用 240° 旋转角度的独立仪表，在车速表中红色的 PARK 显示当前车辆状态为停车；右下角的小指针表为电池电量表是 90° 旋转角度的独立指针表；仪表盘右边的电机功率显示表 0 刻度以上为驱动电机输出功率，0 刻度以下绿色部分为制动能量回收功率；电机功率显示表右下角的小指针表为电压表，为 90° 旋转角度的独立指针表。

图 13-1　电动汽车仪表示例

图 13-2　仪表示例

在组合仪表中所有的独立指针均由步进电机驱动，利用微步驱动控制，分辨率高，工作精度能达到 0.1° 以上。

在中间的 TFT 液晶显示屏中显示报警指示信号和电池剩余能量等信息，由下往上分三部分，最下部分左面的 82°F 显示的是车内华氏温度，换算成常用的摄氏度是 27.78℃；绿色的 READY 是准备好的意思，该灯点亮说明上电结束，车辆可运行；右面的 5 个字母各自的含义是：R 为倒档、N 为空档、D 为前进档、P 为驻车档、S 为运动模式；中间是整车模拟图标，可显示车门状态；内部是剩余电量，53% 表示还剩余 53% 的电量；Energy Flow 表示能量流，显示剩余能量；上部左侧 32miles 表示积累里程为 32 英里，右侧 4∶15 为当地时间。另外还有左右箭头符号的转向指示灯等其他隐形符号，这些隐形符号只有当所对应的功能启用时才亮起显示。

信号和报警指示灯是用来指示车辆运行中的一些关键状态的，起到告知驾驶人有关电气系统和动力电池状况的作用。指示灯采用高亮度的 LED 灯，具有性能稳定、寿命长等优点。

13.1.2 仪表指示灯

🔘 **ABS 指示灯**　黄色　用来指示制动防抱死系统（ABS）的工作状况。当打开钥匙时车辆系统自检，该 ABS 灯会点亮数秒后熄灭；若未点亮或点亮后不熄灭，说明 ABS 出现故障，需检查处理。

制动盘磨损警告灯 **红色** 该指示灯用来显示车辆制动盘磨损的状况。一般该指示灯为熄灭状态，当制动盘出现故障或磨损过度时，该灯点亮，修复后熄灭。

驻车制动指示灯 **红色** 该指示灯用来显示车辆驻车制动的状态，平时为熄灭状态。当驻车制动杆被拉起后，该指示灯自动点亮。驻车制动杆被放下时，该指示灯自动熄灭。有的车型在行驶中未放下驻车制动杆会伴随有警告音。

安全带警告灯 **红色** 用来指示安全带是否处于锁扣状态。该灯点亮说明安全带没有扣到锁扣上，行车时会有部分车型会发出警告提示音。

气囊警告灯 **黄色** 用来指示安全气囊的工作状态。当上电时车辆系统自检，该灯会点亮数秒后熄灭；若该灯未点亮或常亮，说明安全气囊系统有故障，需检查处理。

车门指示灯 **黄色或红色** 用来指示车辆各车门的状态是否关好。该灯点亮说明相应的车门未关上或未关好，此时行车部分车型会发出警告提示音。

转向指示灯 **浅绿色** 用来指示车辆转向的状态，正常行车时为熄灭状态。当驾驶人点亮某侧的转向灯时，该转向指示灯和车辆前后的转向灯一起闪亮，表示车辆将向某一方向拐弯转向，转向完成后一般会自动熄灭，也可手动熄灭。

远光指示灯 **蓝白色** 用来指示车辆远光灯的状态。当驾驶人点亮远光灯时该灯会同时点亮，提示驾驶人车辆处于远光灯开启状态。

前雾灯指示灯 **浅绿色** 用来指示车辆前雾灯的工作状态。一般车辆只有打开小灯后才能使前雾灯点亮，点亮前雾灯同时指示灯点亮，后雾灯也点亮。

后雾灯指示灯 **淡黄色** 用来指示车辆后雾灯的工作状态。一般车辆只有打开小灯后才能使后雾灯点亮，点亮后雾灯同时指示灯点亮但不能点亮前雾灯。

示宽指示灯，俗称小灯 用来显示车辆示宽灯的工作状态。当打开该开关时，车外示宽灯点亮，车内仪表照明灯和操作开关位置灯点亮。

前后雾灯开启状态，如图 13-3 所示。

玻璃水指示灯 该指示灯是用来显示车辆所装玻璃清洁液的多少，平时为熄灭状态。该指示灯点亮时，说明车辆所装载玻璃清洁液已不足，需添加。添加达到要求后，指示灯熄灭。

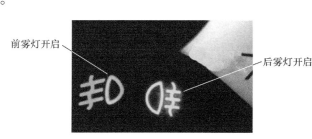

图 13-3　前后雾灯开启后指示灯状态

轮胎低气压警告灯 该灯除上电时的自检点亮数秒外，均处于熄灭状态。若该灯点亮，则说明某一轮胎气压过低需充气维护。

四轮驱动模式指示灯 该灯点亮表示开启了四轮驱动模式。

四轮驱动锁止模式指示灯 该灯点亮表示车辆锁止在四轮驱动模式。

动力蓄电池过热警告灯 该灯点亮表示动力蓄电池温度过高，需降温处理，BMS 会同时降低输出电流。

动力蓄电池故障警告灯 该灯点亮表示动力蓄电池内部出现短路或断路故障，需维修处理。

动力蓄电池电量不足警告灯　该灯点亮表示动力蓄电池的电量不足，需充电处理。

驱动电机或其控制器过热警告灯　该灯若在行车中点亮，则表示驱动电机或其控制器温度过高，应停车或降低车速降温处理。

充电线连接指示灯　该灯只有在停车连接好充电线路时点亮。在该灯点亮时不可上电使车辆处于行车状态。

READY 车辆运行准备就绪指示灯　该灯点亮说明上电结束，车辆可开始运行。

EV 驱动模式指示灯　该灯点亮表示车辆处于纯电动省电驱动模式。

自适应前照灯指示灯　在装备具有自动前照灯系统（AFS）的车辆上，若 AFS 开关开启，则当车辆行驶到光线较暗的环境中时，前照灯会自动开启。

电子驻车系统警告灯　电子驻车制动系统（Electrical Park Brake，EPB）俗称电子手刹，是指将行车过程中的临时性制动和停车后的长时性制动功能整合在一起，并且由电子控制方式实现停车制动的技术。其开关如图 13-4 所示。

车距警告灯　采用超声波自动检测系统的车辆，利用微机控制超声波传感器自动测距，当本车与前车距离过近时点亮该车距警告灯。

盲点监测灯（图 13-5）　在配备盲点监测系统（BLIS）的车上，在后视镜下设有感应装置，当监测到后面来车时，通过 A 柱上的灯光闪烁来提醒驾驶人。

图 13-4　电子驻车制动开关图

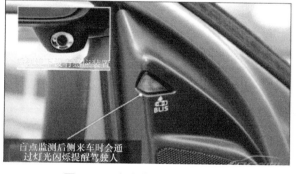

图 13-5　盲点监测系统（BLIS）

内循环指示灯　该灯是用来显示车辆空调系统的工作状态，平时为熄灭状态。当按动循环按钮、车辆关闭外循环、空调系统进入内循环状态时，该灯自动点亮。内循环关闭时熄灭。

空调滤清器警告灯　该灯平时熄灭，在滤清器堵塞严重时点亮，告知驾驶人空调滤芯应予以更换。

制动系统警告灯　当制动系统出现故障时该灯点亮，提示驾驶人必须修理。

车辆保养提示灯　当该灯点亮时提示驾驶人车辆已到保养时间，需尽快实施保养，保养完成后该灯熄灭。

汽车需维修警告灯　该灯平时处于熄灭状态，点亮时说明该车出现故障需要尽快维修。

EPS 电子转向助力系统警告灯　该灯平时处于熄灭状态。若正常行车时点亮，则说明该车助力系统出现故障，此时转向盘会变得沉重，需要尽快维修。

电动汽车的信息除仪表盘上的指示和警告灯显示之外，还可在中控台的液晶显示屏上进行更大量的信息显示，而且还可根据需要进行翻页和触摸控制，如图 13-6 和图 13-7 所示。

13.1.3 车内功能按键

空调开关 当按下该开关时空调冷风系统工作，再开启加大或减小风速。

前照灯清洗键 该按键是用来控制前照灯的自动清洗功能。在装有前照灯清洗装置的车辆上，驾驶人可以通过按下这一按键开启前照灯清洗装置，对车辆的前照灯进行喷水清洗。

图 13-6　液晶显示屏显示信息示例

中控锁键 该按键是车辆中控门锁的控制按钮。可以通过按下该按钮同时打开或关闭各车门的门锁。也可以单独关闭任一个开启的车门，有效地保证了车内人员的安全。

图 13-7　液晶显示屏显示示例

后遮阳帘键 在装有电动后遮阳帘的车内，车主可以通过按下这一按键打开或是开启后窗的电动遮阳帘，用来遮挡阳光。

倒车雷达键 该按键是用来根据车主需要打开或是关闭车上的倒车雷达系统。驾驶人可以按下该键手动控制倒车雷达的工作。在倒车时手动关闭倒车雷达，或是手动开启倒车雷达。该按键如图 13-8 所示。

自动泊车键 该按键用来帮助倒车技术不过关的驾驶人或厌烦倒停车繁琐操作的驾驶人顺利地自动使车驶入停车位。按键如图 13-9 所示。

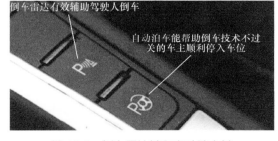

图 13-8　倒车雷达键和自动泊车键

随着电动汽车驾驶舒适化程度越来越高，车内功能越来越多，其各种功能报警和按键也会越来越多，如跑道偏离报警功能、车距控制功能、坡道缓降功能、后视镜加热功能、后视镜自动折叠功能、后视镜调节功能、车窗控制功能、车窗一键锁定功能等，如图 13-9 所示。

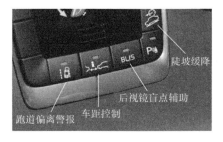

a)

b)

图 13-9　按键功能

13.2 仪表显示原理及结构

电动汽车采用的数字仪表主要是通过外围接口，利用总线或线路接收车速、电机转速、电池电量、灯光、车门状态、轮胎压力、制动、驻车和安全带等信号，进行处理后在仪表或显示屏上实现数字化、图形化显示。电动汽车数字仪表还具有实时报警功能。当汽车发生故障，仪表接收到故障信息后，除进行储存、显示外，还可采用声响、灯光闪烁的方式进行报警，提醒驾驶人有故障发生，需要进行检查和修理。

对于中控触摸屏，驾乘人员可以点击中控触摸屏实现人机交互，根据喜好和需要选择各种显示界面。中控触摸屏还可显示电子地图并进行车辆导航、测距，为驾驶人提供方便、快捷的路径信息。

13.2.1 数字仪表总体结构

电动汽车数字仪表具有丰富的图形显示界面，方便人机交互功能，实时采集车辆运行信息并即时显示和存储，针对运行故障和异常情况提供报警信息。仪表的总体结构分为信息采集层、数据处理层和人机交互层 3 个层次，其结构框图如图 13-10 所示。

1. 信息采集层

信息采集层主要负责接收电动汽车各种运行信号和车况信息；设有 CAN 总线接口、A/D 转换信息接口、脉冲计数接口和 I/O 接口。其中 CAN 总线接口负责接收车载 CAN 网络上的其他总线模块的数据；A/D 转换接口负责接收电动汽车的母线电流、电压、驱动电机温度等模拟信号；脉冲计数接口负责接收行车速度和驱动电机转速等脉冲信号，I/O 接口负责接收车灯

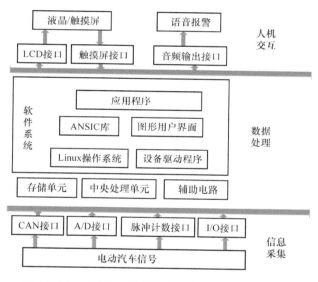

图 13-10　电动汽车液晶仪表/触摸屏信息结构框图

信号、安全带信号、车门信号、制动信号和驻车信号等信息，以亮灭相应的警告灯提示。

2. 数据处理层

数据处理层主要负责处理从信息采集层接收到的各种信息，是电动汽车数字仪表系统的主要部分，包括中央处理单元、存储单元、接口电路和辅助电路等。整个系统的软件部分运行在数据处理层上，包括嵌入式 Linux 操作系统、设备驱动程序、图形用户界面和应用程序。

3. 人机交互层

人机交互层是驾驶人和电动汽车仪表系统之间的交互平台，包括液晶屏接口、触摸屏接口和音频接口 3 部分。电动汽车仪表系统的核心部件是中央处理单元，该处理单元接收到各种信息后，经处理在液晶显示屏显示。驾驶人可通过点击触摸屏或切换界面进行相关的操作，实现人机交互信息。当接收到的信息超出该类信息的范围时，报警灯光闪烁或音频输出接口通过扬声器发出声响报警信息以提醒驾驶人注意。最典型的如未系安全带的提示，在停车时未系安全带灯是点亮的，行车时不仅灯是点亮的，而且还有声响提示。

13.2.2 仪表线路

电动汽车的仪表线路较为复杂，仅对外连接线路就有 20 多条。图 13-11 是某公司电动汽车正在使用的仪表对外连接线路图，有仪表的总线通信线、车速传感器信号线、制动液位开关和驻车制动开关共用的制动报警灯线路、各门开关控制的门灯开关线路、转向助力线路、远光指示灯线路、安全带报警等线路、后雾灯指示线路、位灯即仪表照明灯线路、R 档指示灯线路、D 档指示灯熄灭线路、双搭铁线路、电源线路、钥匙开关接通线路、左右转向灯线路等，而且对仪表的每个端子都进行了编号，每一条线路都进行了编码编号和颜色标注。如安全带报警灯端子是 A29 号端子，线路导线编号为 $\dfrac{Y09a}{G/B}$，表示该导线编号是 Y09a，G/B 表示是主色是绿色、辅色是黑色，简称绿黑色导线。导线连接安全带开关，上电后，仪表通电，安全带指示灯点亮，开关接通后，安全带指示灯熄灭。

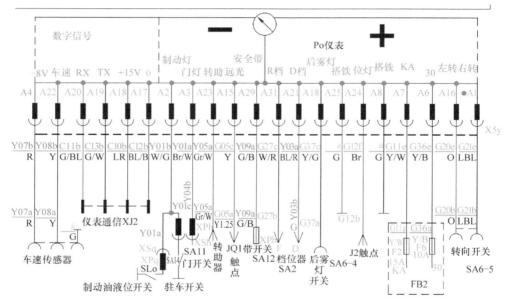

图 13-11　仪表连接线路图

13.2.3 仪表系统软件

软件是系统功能实现的关键，主要由 CAN 通信协议程序和数据处理程序组成。CAN 通信协议程序主要负责对实时性要求较高的控制单元信息进行采集、处理和传送，一旦检测到有效动作信号，就会调用相关子程序由 ECU 处理该数据。其示意流程如图 13-12 所示。

数据处理程序主要负责仪表 TFT-LCD、步进电机和报警指示灯的显示。由信号接口或 CAN 总线采集到的数据通过 ECU 的运算分别驱动仪表指针转动到相应的位置，TFT 显示相应的画面和报警指示灯的亮灭。其数据处理流程如图 13-13 所示。

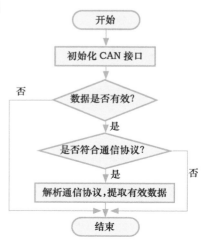

图 13-12　CAN 通信程序流程图

13.3 仪表和显示实例

　　色彩丰富的仪表盘、高位时速表以及大的多媒体显示屏，都在提升着车内成员的视觉感受。在大多数的电动汽车上都装配了这些现代化的仪表和大的显示屏。

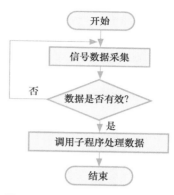

图 13-13　数据处理程序流程图

13.3.1 几种典型的仪表和显示

1. 聆风电动汽车仪表

　　充满科技感的装饰和色彩丰富的仪表、大显示屏都在提升着车内驾乘人员的视觉感受，日产聆风车内整体仪表台如图 13-14 所示。

　　转速表被 POWER 指示灯所取代，油表被可显示剩余里程的"电表"所取代；而车速表被设计到了中控台的上方，此仪表可以为驾驶人提供最直观的速度显示，时刻提醒驾驶人注意安全，不要超速。聆风仪表盘如图 13-15 所示，POWER 指示灯如图 13-16 所示。

图 13-14　日产聆风车内整体仪表台

图 13-15　聆风仪表盘

　　聆风电动汽车中控台上集成了空调控制和多功能显示屏的区域，像自动空调、GPS 导航、蓝牙电话等功能也都一应俱全，如图 13-17 所示。

图 13-16　仪表中的 POWER 指示灯

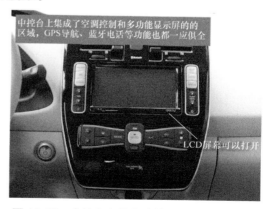

图 13-17　中控台上的多功能显示屏

　　聆风的换档装置也非常特别，取消了传统的变速杆，而是采用了一个多维的"方向旋钮"进行档位选择，如图 13-18 所示。

　　换档钮上方的 P 代表的是驻车档，往左上推是倒档，往左推是空档，而左下则是行驶档，如果需要节能的 ECO 模式，那么往左下推两下即可。

2. 特斯拉电动汽车仪表

特斯拉汽车在仪表（图 13-19）的设计上有很大的突破，正中间是整车模型和可续驶的里程数，左侧是行驶信息和电量信息，右侧是让驾驶人心里更有数的剩余里程。特斯拉液晶仪表具有丰富的信息量显示，中控台上的多功能显示屏可实时显示导航信息、空调风速、温度等信息，还有天窗的开启幅度操作等均可通过转向盘上的多功能按键进行操作调节。

图 13-18　聆风电动汽车换档方向旋钮

图 13-19　特斯拉汽车多功能显示屏

3. 北汽新能源电动汽车仪表

EV200 电动汽车在配置方面引人注目、"科技范"十足，仪表采用双车载液晶大屏，与手机 APP 三屏互通。EV200 的中控台则匹配 8 英寸（in）富士康多媒体液晶大屏，如图 13-20 所示。

EV200 的仪表盘区域采用了 6.2 英寸智能数显液晶大屏，其背后是基于 64 位双核 CPU 的全新 Tricore 控制系统，具有国际先进水平，能实时显示功率表、数字车速、瞬时电耗、倒车雷达、动力蓄电池电压/电流、驱动电机转速、平均电耗、保养里程、车外温度等 20 多项信息，让驾驶人能及时获知车辆状况，并实时显示以改善驾驶习惯和技巧。它还装有可扩展 WinCE 系统，不仅拥有时尚人性的定制界面、3D 实景导航、便利的蓝牙电话、人性化的随速音量控制、车辆 OBD 智能监测及故障提醒，还有丰富的多媒体功能等，另外 EV200 的两个液晶屏能通过特定 APP 与手机实现"三屏互通"，不仅能映射手机功能，更可利用手机对车辆进行远程遥控，例如：远程开启空调、车窗，查询电池剩余电量、续驶里程，预约充电，查询充电剩余时间，查询车辆停放位置等。

4. 长安逸动电动汽车仪表

环抱式仪表台给人一种包裹感，内饰增添些许蓝色元素以展示新能源身份。三炮筒式仪表盘采用蓝色背光设计，左侧为电量储备表，最右侧的仪表可显示能量输出状态：绿色为经济电量输出区域，蓝色为普通电量输出区域，红色为最大能量输出状态。中间则是车辆时速表，如图 13-21 和图 13-22 所示。

图 13-20　EV200 中控台液晶屏

图 13-21　长安逸动 EV 仪表

虽然该仪表盘上所显示的信息不够丰富，但中控液晶屏幕配有电动专用的车辆状态界面，电池电量状态、瞬间能耗以及剩余续驶里程均有显示，如图 13-23 所示。在行驶过程中，这个界面中还会显示能量输出与能量回收状态，此时，满电后车辆显示剩余里程为 163km。

图 13-22　长安逸动 2018 款电动汽车仪表

图 13-23　中控液晶屏幕界面

5. 江淮 iEV4 电动汽车仪表

江淮 iEV4 电动汽车仪表盘左侧上大刻度表是驱动电机功率表，该表 0 刻度线以上为车辆驱动行驶时的电机输出功率，0 刻度线以下为车辆制动行驶时的制动能量回收功率，单位均为 kW。该车仪表盘左侧下小刻度表是动力蓄电池的电量指示表，指示范围为 $0 \sim \frac{1}{2} \sim 1$。

该车仪表盘右侧上大刻度表是车速表（0~140km/h）；该车仪表盘左侧下小刻度表是动力蓄电池温度表。其余均为指示灯，详见图 13-24。

图 13-24　江淮 iEV4 电动汽车仪表示意图

13.3.2 故障警告灯符号

电动汽车整车控制器在对自身及各子系统进行监测的过程中，发现故障会及时点亮仪表中相应的指示灯，主要故障灯的名称、故障原因及工作条件见表 13-1。

表 13-1 主要故障灯的名称、故障原因及工作条件

序号	指示灯	名称	异常闪烁	常亮	工作条件
1		低压蓄电池充电故障警告灯		① DC/DC 变换器故障不工作 ② 12V 低压蓄电池电压异常	整车控制器 ON 总线信号
2		驱动电机过热报警		驱动电机或电机控制器系统过热报警	整车控制器 ON 总线信号
3		动力蓄电池故障警告灯		动力蓄电池内部发生短路或断路故障	整车控制器 ON 总线信号
4		动力蓄电池过热警告灯		动力蓄电池内部过热需降温处理	整车控制器 ON 总线信号
5		充电线未连接指示灯		充电枪连接至充电口	硬线信号，来自控制器
6		驻车和制动系统警告灯		① 制动系统故障 ② 制动液位过低 ③ 制动片磨损过大	硬线信号，来自 ABS 或 BCM 控制器
7		系统故障警告灯	仪表丢失整车控制器报文	动力系统发生故障	整车控制器 ON 总线信号
8		ABS 黄色指示灯	仪表丢失 ABS 信号	ABS 故障	总线信号来自 ABS 或 BCM 控制器
9		乌龟灯（功率限制指示灯）		表示车辆处于限制电机功率状态，主要原因： ① 电机或电机控制系统过热 ② 通常原因是电量不足	整车控制器 ON 总线信号

模块五

故障检测与维修

14.1　高压安全

14.1.1　高压电气的危害

高压电可对人体构成多种伤害，主要有电流通过人体的触电伤害、电击伤害和人在电磁场环境下的辐射伤害三种。

人碰到带电的导线，电流通过人体就叫作触电。触电会对人体外部和内部组织造成不同程度的损伤。人体直接接受电流能量会遭到电击，电能转换为热能作用于人体，致使人体受到烧伤或灼伤。与其他伤害不同，电流对人体的伤害事先没有任何预兆。伤害往往发生在瞬息之间，而且人体一旦遭受电击后防卫能力迅速降低。电击是指电流通过人体，破坏人体心脏、肺及神经系统的正常功能。电伤是指电流的热效应、化学效应和机械效应对人体的伤害，主要是指电弧烧伤、熔化金属溅出烫伤等。人在高频磁场中会吸收电磁场的能量而受到伤害，会出现头晕、乏力、记忆力减退、失眠和多梦等神经系统的症状。

14.1.2　人体的触电方式

在电动汽车维修工作中，人体的触电一般有直接触电和间接触电两种类型。

1. 直接触电

人体直接接触带电导体造成的触电，或人体某部分距离高压电太近，造成高压电对人体放电引起的触电称为直接触电。在电动汽车中的动力高压电主要是直流高压电，易造成触电事故。另外，使用时间较长的电动汽车的内部绝缘老化造成击穿，或由于安装不良，造成设备的带电部分碰壳，若人体接触了这样有问题的电动汽车外壳，也会造成触电。

2. 间接触电

间接触电是人体接触了正常运行时不带电而意外带电的车身、外壳内饰等绝缘部分。在间接触点中跨步电压触电是经常发生的一种。当电气设备或线路发生接地故障时，接地电流通过接地体将向大地四周流散，这时在地面上形成分布电位，要 20m 以外，大地的电位才接近零。人假如在接地点周围（20m 以内）行走，其两脚之间就有电位差，这就是跨步电压。图 14-1 中由跨步电压引起的人体触电，称为跨步电压触电。雷雨天气，当人接近车身底盘部分已漏电的电动汽车时，易造成跨步电压漏电；在使用快速充电桩时也需注意跨步电压触电。

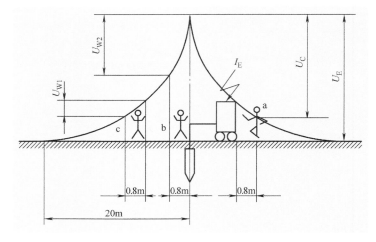

图 14-1　对地电压、接触电压和跨步电压

跨步电压的大小取决于人体离接地点的距离和人体两脚之间的距离。离接地点越近，跨步电压的数值就越大。高压设备发生接地时，室内不得接近故障点 4m 以内，室外不得接近故障点 8m 以内。进入上述范围人员必须穿绝缘靴，接触设备的外壳和构架时应带绝缘手套。这些都是为了防止跨步电压触电。

　　在电动汽车维修作业中，常见的触电形式有四种，如图 14-2 所示。

1 触碰了带电的导体	2 触碰了漏电的设备
这种触电往往是由于用电人员缺乏用电知识或在工作中不按有关规章和断电维修要求工作，直接触碰到裸露外面的导电体。这种触电是最危险的。	由于某些原因，电气设备绝缘漏电，维修人员没有及时发现或疏忽大意，触碰了漏电设备。
3 跨步电压触电	4 剩余电荷触电
由于外力破坏等原因，如车辆碰撞事故、雷击、绝缘老化等，车辆停驶或充电时出现高压漏电，人行走跨入了有危险电压的范围，造成跨步电压触电。	在进行电动汽车维修作业时，应首先断开紧急维修开关一定时间后（一般规定为 10min）释放剩余电荷，然后才能进行高压电部分维修作业。若释放剩余电荷时间不够，则极有可能造成剩余电荷触电。

图 14-2　维修作业中常见的触电形式

14.1.3　维修作业时的电击预防技术

　　进行电动汽车维修作业时最常见的电击预防技术措施有绝缘、屏护、间距和使用防护用具四种。

　　1. 绝缘

　　绝缘就是使用不导电的物质将带电体隔离或包裹起来，以对触电起保护作用的一种安全措施。瓷、玻璃、云母、橡胶、木材、胶木、塑料、布、纸和矿物油等都是常用的绝缘材料。应当注意：很多绝缘材料受潮后会丧失绝缘性能或在强电场作用下遭到破坏而丧失绝缘性能。

　　绝缘材料的种类包括气体绝缘材料、液体绝缘材料和固体绝缘材料。绝缘材料的绝缘性能是以绝缘电阻、泄漏电流、击穿强度和介质损耗等指标来衡量，通过绝缘试验来判定的。绝缘电阻是最基本的绝缘性能指标，是直流电压与流经绝缘体表面泄漏电流之比。绝缘电阻越大，绝缘性能越好。不同的电器设备和线路对绝缘电阻有不同要求的指标值，一般来说，高压的比低压的要求高。

　　当绝缘材料所能承受的电压超过某一数值时，在强电场的作用下，会在某些部位发生放电，使其绝缘性能遭到破坏，这种放电现象叫作电击穿。当固体绝缘发生击穿后，一般不能恢复绝缘性能；气体绝缘在击穿电压消失后，绝缘性能还能恢复；液体绝缘击穿一般是沿电极间气泡、固体杂质等连成的"小桥"击穿，如液体多次发生击穿，则可能导致液体失去绝缘性能。

　　2. 屏护

　　屏护是指采用遮拦、护罩、护盖箱闸等把带电体同外界隔绝开来。电器开关的可动部分一般不能使用绝缘而需要屏护。高压设备不论是否有绝缘，均应采取屏护。电动汽车中的高压互锁信号线路就属于屏护的一种形式。

　　3. 间距

　　间距是保证安全的必要距离。间距除了可防止触电或过分接近带电位外，还能起到防止火灾、防止混线、方便操作的作用。间距包括电气间隙（空间距离），爬电距离（沿面距离）和绝缘穿透距离。电动汽车动力源部分多使用的是高压电气，对最小爬电距离的要求和两导电部件间的电压、绝缘材料的耐泄痕指数、电器所处环境的污染等级有关。对最小爬电距离做出限制，是为了防止在两导电体之间，通过绝缘材料表面可能出现的污染物出现爬电现象。在实际应用中，所要安装的带电两导体之间的最短绝缘距离要大于允许的最小爬电距离。

4. 电击防护用具

电击防护用具包括绝缘手套、绝缘靴、绝缘服、护目镜和绝缘工具。绝缘工具的选用要根据操作的高压范围确定，在维修电动汽车高压系统时应视情况选用高压防护用具。

14.1.4 触电事故急救

在进行维修操作时如果遭受了电击，要及时对受伤人员进行救助。在援救电气事故中的受伤人员时，应谨记：自身的安全是第一位的！绝对不要去触碰仍然与电源有接触的人员！如果可能，马上将电气系统断电（关闭点火开关或者马上拔出维修开关），用不导电的物体（木板、扫帚等）把事故受害者或者导电体与电源分离。若触电者脱离危险后呼吸正常，则使其保持侧卧状态，紧急呼叫120送医；若触电受伤人员停止呼吸和心跳，则应立即对其进行人工呼吸和按压心肺进行就地抢救，不可轻易放弃，并第一时间呼叫120急救。

14.2 电动汽车电气系统的特点

电动汽车的故障与传统燃油汽车一样，其故障也分为机械故障和电气故障两大类型，其中机械故障与燃油汽车的维修方法基本相同，而电气故障则有所不同。这是由于电动汽车电气系统的特点决定的。电动汽车电气系统有四个特点，如图14-3所示。

图 14-3 电动汽车电气系统的特点

14.3 诊断思路、方法与工具

14.3.1 常见的电气系统故障与诊断思路

在电动汽车中常见的电气系统故障分为电气设备故障和线路故障两大类。电气设备故障一般采用替换处理，线路故障可根据故障的属性，如开（断）路、短路、搭铁、接触不良等进行有针对性的处理。

电动汽车电气系统的故障现象是多种多样的，同一类故障可能有不同的故障现象，不同类的故障可能是同一种故障现象。这种故障现象的同一性和多样性给查找故障带来不小的难度。但故障现象是查找电气故障的基本依据，是查找电气故障的起点，因此要对故障现象进行仔细的观察与分析，找出故障现象中最主要、最典型的方面，搞清故障发生的时间、地点、环境等。排除故障的思路是：从易到难，从外到内，从简单到一般，从一般到复杂。如有些电气故障可以通过看、闻、听、摸等直观检查方法，直接感知故障设备异常的温升、振动、气味、响声、色变等，即可确定设备的故障部位。但是许多电气故障靠人的直接感知是无法确定部位的，需要再借助仪器/仪表对故障车辆的电压、电流、温度、转速、流量等参数进行测量分析后再来确定故障部位。

14.3.2　故障诊断的基本方法

电动汽车故障诊断的基本方法（图 14-4）与传统燃油汽车类似，也是通过直观检查、询问客户、替换试验、仪器测量等方法来确定故障元件或故障的具体部位的。

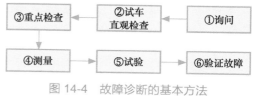

图 14-4　故障诊断的基本方法

1. 询问

在检修故障车之前，要先向用户询问和了解故障车的使用情况、故障现象以及故障产生和发展的过程，并将用户提供的情况做好记录，认真进行分析和研究。询问用户的内容包括以下几个方面：

① 了解汽车使用年限。

② 了解故障产生的过程。

③ 了解出现此故障后是否修理过以及修理情况。

④ 了解车主有无故障汽车的相关资料。

⑤ 核实故障现象。

2. 试车——直观检查

用眼看、鼻闻、耳听、手摸等感觉器官来进行直接观察温度、声音、颜色、气味是否有异常，以判断电气装置的运行情况。通过这种直接观察，一些明显的故障能立即诊断出来，或者能帮助分析和掌握故障发生的部位、范围、严重程度以及元器件损坏情况。对于那些隐蔽而复杂的故障，通过直接观察到的各种现象，也能为故障诊断和分析提供重要依据。因此，直观检查是诊断故障十分重要的一步。直观检查法包括以下内容：

① 眼看。看一看熔断器的熔体是否熔断，有没有出现冒烟的情况，是否有被烧焦、烧黄或被烧得发黑的元器件；看一看有没有断线现象，或者有没有损伤的导线；看一看有没有松动的连接螺栓和接插件（或转插件）。

② 鼻闻。闻一闻有没有异常气味，特别是有没有出现绝缘材料烧焦的气味。

③ 手摸或拨动。摸一摸，凭感觉和经验来判断怀疑的故障部位或元件是否发生异常。

④ 耳听。听一听有没有异常的声音。

⑤ 清洁和干燥检查法。汽车经长期使用以后，电气系统中电子元件表面的灰尘增多，尤其是阴雨天，有些部位受潮或灰尘增多时，会形成具有一定阻值的导体或降低绝缘程度，

破坏了电路的正常工作，从而成了各种奇怪的、特殊的软性故障。

3. 重点检查

对在直观检查中发现的可疑对象或者那些容易损坏的元器件进行重点检查。一般通过对它们的检查最容易发现故障，效果比较好。即便对它们的检查未发现故障，也对排除故障疑点、小故障范围有一定的作用。用相同的元器件去替换有故障嫌疑的元器件，看看故障现象是否消除，逐步查找缩小故障范围，对最终排除故障所起的效果很好，排除故障的效率比较高。

4. 测量

用仪器／仪表测量某些零部件参数的大小和波形的变化，经与正常的数值对比、分析原理后，来确定故障部位和故障原因。

5. 试验

对一些故障现象复杂、问题很多、涉及面很广、故障范围又不明显的疑难故障，宜先采用分段方法来查找，化复杂为简单，缩小故障范围，使诊断变得容易。还可以使用敲击振动、喷淋水雾等试验方法使那些接触不良，或者在使用过程中由于周围环境条件差，导致元器件、触点腐蚀生锈引起接触不良，造成电气装置运行时好时坏而发生的无规则间歇性故障。为了暴露故障和故障源，要一部分一部分地进行，而不要几个部分同时进行，这样不便于暴露故障源。

6. 验证故障

对试验分析后怀疑的故障点或故障部件进行修复或更换，更换完成后需要验证故障是否还存在，若不存在则说明故障确已排除。

14.3.3　电气系统的基本检测工具

电动汽车的基本检测工具有万用表、示波器、故障诊断仪，以及试灯和绝缘电阻检测仪等。

1. 万用表

万用表是一种多功能、多量程的测量仪表，一般可测量电流、电压、电阻等，有的还可以测量电容量、电感量及半导体的一些参数（如 β）等。万用表主要由表头、测量电路及转换开关三个部分组成，是电动汽车维修中最基本的工具之一。在电动汽车维修中常用的万用表有普通数字万用表（图14-5a）、示波万用表和钳形万用表（图14-5b）三种。

a)　　　　　　　　b)

图14-5　万用表

2. 示波器

示波器是一种用途十分广泛的电子测量仪器。它能把人眼看不见的电信号变换成人眼看得见的图像，便于人们研究各种电现象的变化过程。模拟示波器利用狭窄的、由高速电子组成的电子束，打在涂有荧光物质的屏面上，就可产生细小的光点。在被测信号的作用下，电子束就好像一支笔的笔尖，可以在屏面上描绘出被测信号的瞬时值的变化曲线。

利用示波器能观察控制器或传感器等各种不同信号幅度随时间变化的曲线波形，还可以用它测试各种不同的电量，如电压、电流、频率、相位差、调幅度等（图14-6）。

3. 故障诊断仪

电动汽车故障诊断仪与传统燃油汽车的故障诊断仪类似，能对多种车型的多个系统进行诊断、标定和烧录程序、还能对主要部件进行测试，如图 14-7 所示。

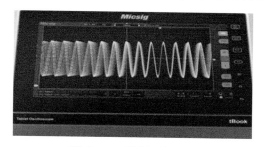

图 14-6 示波器的图像

图 14-7 故障诊断仪

诊断仪的使用步骤如图 14-8 所示。

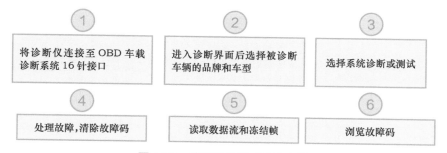

图 14-8 诊断仪的使用操作步骤

15.1 动力蓄电池的安全检测

目前我国大多数电动汽车是以锂离子电池作为动力蓄电池的主要组装材料。由于锂离子活跃、易燃烧的化学特性，在实际使用过程中若遇到碰撞、挤压会导致电池组受损，使电池内的锂离子暴露在空气中引发火灾。另外，还存在的问题有单体电池或电池组的一致性不高，以及电池漏夜现象时有发生。电解液一旦接触空气中的氧气就会迅速分解燃烧，若引燃电池组就会造成火灾。应按照国际电工委员会（International Electrotechnical Commission，ICE）的 ICE 62133 标准要求进行相关的试验测试，并达到合格要求，这对于电动汽车的使用安全来说是至关重要的。

ICE 62133 对动力蓄电池的标准要求，必须进行以下两类检测和验证，如图 15-1 所示。

在上述的各项测试项目中，13kN 挤压试验和持续低速率充电试验尤为重要。

一是单体蓄电池必须持续进行低速充电、振动、温度循环、外部短路、自由跌落、冲击(碰撞)、热误用(热冲击)、13kN 挤压、低气压、过充电、强制放电、高倍率充电保护以及不正确安装等测试	二是动力蓄电池组必须进行振动、高温下外壳应力、温度循环、外部短路、自由跌落、冲击(碰撞)、标识及包装等检测

图 15-1　检测和验证

15.1.1　13kN 挤压试验

此项目测试对象是单体电池。对于长方形单体电池，需要挤压长、短轴向，即电池的长宽两个平面。对圆柱形电池，挤压电池的长轴时应与挤压装置的挤压平面平行。根据检测经验，聚合物软包装电池在挤压宽度轴时（侧面）有燃烧或爆炸等不合格现象出现。挤压测试机如图 15-2 所示。

IEC 62133 要求的测试方法，每个充满电的单体电池放置在两平面之间进行挤压。挤压由一个能施加 13kN 的液压活塞提供。在进行挤压试验时，应注意选择能引起最不利结果的挤压方式，若出现图 15-3 所示的 3 种情况应立即释放压力。

图 15-2　挤压测试机

①达到所设定的最大压力

②电池出现了 10% 的变形

③电池电压骤然降低了初始电压的 1/3

图 15-3　挤压测试释放压力的条件

每只测试电池只允许挤压测试一次，对于长方形电池长宽两面都需要测试的，用两只电池分两次测试。电池测试机采用 PLC 控制，测试工作简单易操作。

15.1.2 持续低速率充电试验

此项目测试对象是单体蓄电池。标准规定，将已经满充电的单体电池按照制造商规定的充电方式持续充电 28 天。电池制造商规定的充电方式基本都是恒流恒压充电，这就要求制造商对规定及限制充电电流乃至满充电时的截止电压要全面考虑，必须在设计单体电池时考虑耐持续充电的能力。只有这样做才能符合 2011 年 11 月颁布实施的 ISO 262《道路车辆—功能安全》标准。若将来采用固体大容量锂离子动力蓄电池组，其单体电池中隔膜与电解质合二为一，不再使用单独的隔膜，制造工艺已突破现有锂离子蓄电池制造工艺的概念。这种电池组即使遭到碰撞，也不会冒烟起火、爆炸，同时实现了动力蓄电池组大容量、体积小、比能量（kW·h/kg）高，并且安全、廉价。

15.1.3 充电安全

我国发生的电动汽车火灾事故，有相当一部分是在充电过程中引起的。

① 由于充电设备没有过充电保护或过充电保护失效，导致了电动汽车在充电过程中起火。

② 在冬季低温环境下充电，由于没有采取预热措施，导致电池的温度差较高，也是造成充电安全事故的原因之一。

③ 充电过程中的通信存在着中断停止充电的指令失效而继续进行充电的情况。电池管理系统（BMS）没有实现对充电机的管理控制功能，尤其是直流快速充电设备与电池管理系统（BMS）间甚至没有建立真正有效的通信联系。整个充电过程任凭充电机单向独立控制，一旦充电机温度监控功能失效，就会造成电池温度过高情况下充电电流依然过大的情况，若再继续充电就会造成爆炸、漏液、起火事故。

为了更好地对电动汽车充电事故预警，对电池温度和电压的监控非常重要，因为电池温度和电池电压直接反映动力蓄电池的荷电状态和对其充电的可接受程度。如果动力蓄电池已经不能再接受充电，还强行对其充电，出现事故也就不可避免了。

由于电动汽车的使用特性，电池使用时间长，充放电次数多，在电动汽车的使用和维修中还要考虑电池生命周期范围内的安全，避免因电池老化造成的安全事故。在新电池技术的使用上，并不是电池的能量密度越高越好。电池的能量密度太高，若不能安全管控，将来可能就像原子弹一样，体积小伤害大。因此，一定要兼顾能量密度和安全性，在保证安全的基础上提高能量密度。对于电动汽车的动力蓄电池，首先是技术研发人员开发出既安全能量密度又高的动力蓄电池，然后才是使用管理者的安全正确地使用动力蓄电池，最后才是维修人员恢复动力蓄电池原有的安全技术性能。

15.2 单体蓄电池故障

电动汽车锂离子动力蓄电池出现故障，无论诱发因素是什么，在装车使用和在试验中均显示都在单体电池这个环节上。单体电池故障现象主要有以下 7 种情况，如图 15-4 所示。

15.2.1 故障原因

从锂离子动力蓄电池的使用或试验总结出的 7 种故障情况看，最为严重、危险的故障是着火和爆炸。故障产生的原因可分为以下 7 点，如图 15-5 所示。

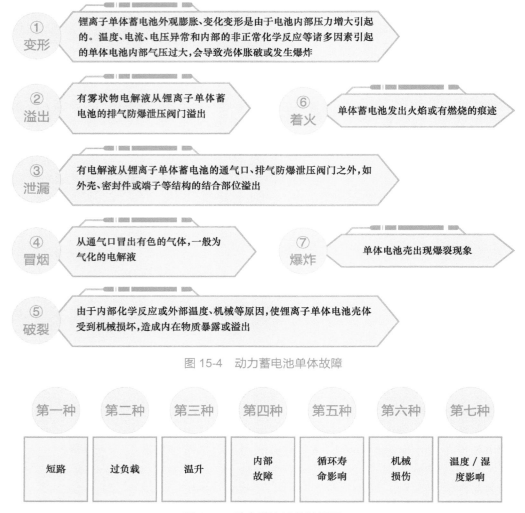

① 变形　锂离子单体蓄电池外观膨胀、变化变形是由于电池内部压力增大引起的。温度、电流、电压异常和内部的非正常化学反应等诸多因素引起的单体电池内部气压过大，会导致壳体胀破或发生爆炸

② 溢出　有雾状物电解液从锂离子单体蓄电池的排气防爆泄压阀门溢出

⑥ 着火　单体蓄电池发出火焰或有燃烧的痕迹

③ 泄漏　有电解液从锂离子单体蓄电池的通气口、排气防爆泄压阀门之外，如外壳、密封件或端子等结构的结合部位溢出

④ 冒烟　从通气口冒出有色的气体，一般为气化的电解液

⑦ 爆炸　单体电池壳出现爆裂现象

⑤ 破裂　由于内部化学反应或外部温度、机械等原因，使锂离子单体电池壳体受到机械损坏，造成内在物质暴露或溢出

图 15-4　动力蓄电池单体故障

第一种	第二种	第三种	第四种	第五种	第六种	第七种
短路	过负载	温升	内部故障	循环寿命影响	机械损伤	温度／湿度影响

图 15-5　动力蓄电池故障原因

1. 短路

短路分为外部短路和内部短路。

（1）外部短路

外部短路是指电池正负极间的短路，主要原因是外部结构上的故障或损坏造成的短路，一般为机械或物理原因所导致的。外部短路使电池内部反应相当剧烈，极易造成单体电池的着火和爆炸等故障现象。

（2）内部短路

内部短路是指因电池内部的聚合物隔膜破裂导致的短路。尤其是过载或循环寿命接近终点的电池极容易出现内部短路。锂离子动力蓄电池内部的聚合物隔膜厚度一般为 16~30μm，如此薄的隔膜，一旦受到机械外力或热变形造成的压力等破坏作用时，将会直接导致内部短路。另外，过高的温度也同样会导致隔膜破损造成内部短路。还有隔膜材料的瑕疵或在生产过程中造成的微小损伤，都会使锂离子动力蓄电池工作时局部温度升高，进而造成内部短路。

2. 过负载

过负载分为过电流、过电压、过充电和过放电 4 种情况。

（1）过电流

电动汽车在起步、加速或爬坡过程中，动力蓄电池的工作电流是正常行驶工作电流的几十倍甚至上百倍。动力蓄电池充放电的电流一般用充（放）电率 C 来表示（Capacity），用来表示电池充放电时电流的大小。例如：充电电池的额定容量为 100A·h 时，即表示以 100A（1C）放电时间可持续 1h，如以 200A（2C）放电，时间可持续 0.5h，充电也可按此方法对照计算。

（2）过电压

在长时间的制动能量回收充电过程或充电设备不匹配的条件下充电，可能使动力蓄电池处于过电压的工作条件下。过电压极易使锂离子单体电池温度升高，引起内部短路而损坏。

（3）过充电

电池充电属于吸热反应，充电初期极化反应小，吸热处于主导地位，温升出现负值；充电后期，阻抗增大，放热大于吸热，温升增加。长时间过充电时，锂离子电池内部压力升高、溢出气体，直至壳体变形、爆裂。通常情况下，动力锂离子电池在恒流充电阶段末期都会发生不同程度的过充电，温升到 40~50K，会导致电池容量损失而缩短使用寿命。但应该注意的是，过充电会使单体电池温度升高和气体膨胀的惯性带来的滞后发生的着火、爆炸危险。

（4）过放电

在恒流放电时，电压会出现陡然跌落的现象，这主要是由欧姆电阻造成的压降所引起的，电压继续下降，经过一定时间后达到新的电化学平衡；当进入放电平台期后继续放电，电压变化不明显但电池温升明显；当电池放电电压曲线进入最终放电阶段时，极化阻抗增大，输出效率降低，损耗发热增加，应在接近终止电压前停止放电。若接近终止电压后继续大电流放电，除会造成电源系统电压迅速降低外，部分动力蓄电池单体会被反向充电，使内部的活性物质结构受到破坏，单体电池报废，同样会产生温度升高、气体膨胀等反应，严重时会发生着火、爆炸危险。

3. 温升

电池温升的定义是电池内部温度与环境温度的差值。电动汽车的动力锂离子电池隔膜都具有自动关断保护的物理特性，以提高其使用的安全性。隔膜的自动关断保护功能是锂离子电池限制温度升高、防止事故的第一道屏障。无论什么原因，只要是单体电池内部温度升高，隔膜的物理特性就会使微孔关闭阻塞电流通过，即为"闭孔温度"。但热惯性还会使电池内部的温度继续上升，当达到一定温度时就会导致隔膜熔融破裂，称为"熔破温度"。单体蓄电池一旦达到熔破温度，即意味着内部短路。

4. 内部故障

单体电池如果有明显的内部故障，则会在生产阶段被剔除掉。但进入成品阶段的单体电池，即使内部有故障也是隐形的，不容易被发现，属于工艺瑕疵范畴。如隔膜不均匀、充容材料有金属残留物等。隐形的内部故障对实车装用是个技术隐患。

5. 循环寿命影响

单体电池的循环使用寿命是构成动力蓄电池耐久性循环使用寿命的重要因素。早期性能下降较大的单体电池，后续使用就意味着过负载，成为将来的故障隐患。

6. 机械损伤

正常装车使用的单体电池，因安装在高强度的防撞击容器内，受到机械直接碰撞损坏的可能性并不大。但在单体电池运输安装过程中和车辆发生严重事故时，均有可能受到振动和碰撞而使电池内部结构受到机械损伤，严重时会缩短电池寿命，甚至造成着火或爆炸的危险。

7. 温度／湿度影响

电动汽车动力蓄电池的使用性能和寿命在使用过程中，会严重地受到环境温度和湿度的影响。因此许多著名电动汽车公司的动力蓄电池箱体内部采用加热和制冷装置，使单体电池始终处于适宜的工作温度，以提高其性能，延长其使用寿命。

15.2.2 锂离子动力蓄电池的安全防护

动力蓄电池组是直接装车实用的大型箱体部件，其内部除集合的单体电池外，还有单体电池电路、组成的模块，以及配线、连接器、冷却液温度传感器、冷却液管路装置、高压充电接口、电池连接线盒和特制的防撞外壳等，如图 15-6 所示。

动力蓄电池控制单元（BCU）和单体电池电路可以适当调整和有效控制大部分不利于电池性能状态的出现。电动汽车的锂离子动力蓄电池组是将多个单体电池通过串、并联的方式来获得较高的电压、电流和功率。单体电池的相应安全要素在在动力蓄电池组中依然存在，因为对单体电池的级联会造成一定的内耗，所以配装在同一组内的单体蓄电池对于其内阻、放电率、循环寿命等有一致性的要求，这就需要对电池进行配组。

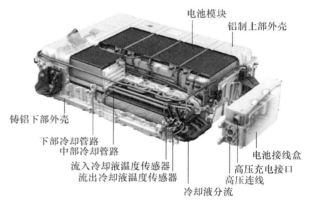

图 15-6　动力蓄电池保护措施

电动汽车的锂离子动力蓄电池由于其化学特性、结构特点以及应用环境等因素，若在使用中不注意就会出现泄漏、燃烧、爆炸等不安全的因素。为了保障人员和车辆设施等的安全，需采取以下措施。

1. 人员的防护

人员防护措施如图 15-7 所示。

① 任何未经培训的人员不得接触、拆动、搬运高压动力蓄电池；

② 在电动汽车的动力蓄电池箱组等显著位置张贴"高压危险！禁止非专业拆动！"明显标志字样；

③ 作业前应首先准备后合适的作业工具、量具，并选择好安全、合适的作业位置；

④ 专业人员作业前首先穿戴好防护的鞋靴、手套、面罩等用具，然后检查车辆断开维修保养开关；

⑤ 正式对动力蓄电池作业前再次确认是否已断开维修保养开关；

⑥ 作业中应谨防重物跌落，若两人以上配合作业应事先约定好动作指令；

⑦ 作业前对于动力蓄电池芯体的爆炸和燃烧烈度应有适当的估计，并有灭火的准备。

①	任何未经培训的人员不得接触、拆动、搬运高压动力蓄电池	⑤	正式对动力蓄电池作业前再次确认是否已断开维修保养开关
②	在动力蓄电池箱组等显著位置张贴"高压危险！禁止非专业拆动！"明显标志字样	⑥	作业中应谨防重物跌落，若两人以上配合作业，应事先约定好动作指令
③	作业前应首先准备好合适的作业工具、量具，并选择好安全、合适的作业位置	⑦	作业前对于单体电池的爆炸和燃烧烈度应有适当的估计，并有灭火的准备。单体蓄电池的爆炸是由于外力破坏或高温，以及内部损坏产生高温高压瞬间释放造成的，与爆炸物爆炸完全是两个概念，没有可比性，其样式和效果也不可等同，维护作业人员不必产生恐惧心理
④	专业人员作业前首先穿戴好防护的鞋靴、手套、面罩等用具，然后检查车辆，断开维修保养开关		

图 15-7　人员防护措施

2. 设备的防护

① 由于电动汽车具有高压电气设备，在进行维修保养作业时应首先使用诊断设备确认故障发生的部位和元器件，不可未经确诊盲目拆解，以免发生危险和损坏设备的现象。

② 电动汽车动力蓄电池单体在电池箱内排列紧密，操作时应及时发现和处置损坏和有危险的单体，同时还应防止其他单体的连锁反应，造成更大的损失。

③ 对于电动汽车的动力蓄电池作业，无论是在操作前、操作过程中还是操作后，都要时刻监控其温度变化，单体电池温度高即意味着发生危险的可能性增加，必要时采取降温措施或中断作业。

④ 动力蓄电池的作业可采用由一人操作一人监控指挥的作业方式进行，以保障安全。

15.3　动力蓄电池的工作过程

动力蓄电池是电动汽车的能源系统，其功能是接受由充电机、发电机、制动能量回收装置等提供的高压直流电并存储起来；汽车运行时为驱动电机控制器、DC/DC 变换器、电动空调、PTC 等高压元件提供高压直流电。

锂离子单体电池的反应机理为：充电时，锂离子从正极材料中脱嵌，经过隔膜和电解液，嵌入负极材料中，放电时以相反过程进行。当以石墨为负极材料，以 $LiCoO_2$ 为正极材料时，其充放电原理为：

正极反应：$LiCoO_2 \rightleftharpoons Li_{1-x}CoO_2 + xLi^+ + xe^-$

负极反应：$6C + xLi^+ + xe^- \rightleftharpoons Li_xC_6$

电池总反应：$LiCoO_2 + 6C \rightleftharpoons Li_{1-x}CoO_2 + Li_xC_6$

15.3.1　充电过程

1. 充电之前加热

在充电初期，从控盒监测到每个动力蓄电池模块的温度，并反馈给主控盒。主控盒接收来自从控盒反馈的实时温度，并计算出最大值和最小值，当监测到单体电池温度低于设定值时，主控盒控制加热继电器闭合，通过 PTC 加热元件进行加热电池，直至设定的温度以上。

加热途径如图 15-8 所示。

车载充电机充电：充电桩（充电插座）—车载充电机—高压接插件—加热继电器—加热元件—熔断器—高压插接件。

快速充电桩充电：快速充电桩—高压插接件—加热继电器—加热元件—熔断器—高压插接件。

2. 预充电

在充电初期，整车控制器唤醒 BMS，BMS 进行自检和初始化，程序完成后上报给整车控制器。整车控制器控制主负继电器闭合，BMS 控制预充继电器闭合，对单体电池进行预充电，确定单体电池无短路后，BMS 断开预充继电器，预充完成。预充电路线也分为慢充和快充两种方式。预充电慢充电路如图 15-9 所示，快充电路与此图类似。

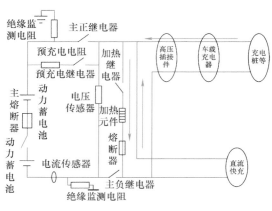

图 15-8　动力蓄电池加热电路　　　　　　　图 15-9　预充电慢充电路

3. 充电

预充电完成后，BMS 断开预充电器，闭合主继电器，对动力蓄电池进行充电，如图 15-10 所示。

慢充时路线：车载充电器—高压插接件—主正继电器—动力蓄电池组—电流传感器—主负继电器—高压插接件—车载充电机。

快充时路线：直流快充—主正继电器—动力蓄电池组—电流传感器—主负继电器—直流快充。

图 15-10　充电电路图

15.3.2　放电过程

1. 放电初期预充电

整车控制器唤醒 BMS，BMS 进行自检和初始化，完成后上报给整车控制器。整车控制器发出高压供电指令，BMS 按顺序控制继电器的闭合和断开。因电路中电机控制器和空调压缩机控制器等均含有电容，为避免冲击，在放电初期预充电继电器闭合，需要小电流给各控制器电容充电，当电容两端电压接近动力蓄电池总电压时，断开预充电继电器。预充电电路如图 15-11 所示。

动力蓄电池组正极端：动力蓄电池—紧急开关—主熔断器—电池组正极—预充电电阻—预充电继电器—高压插接件—驱动电机及控制器。

动力蓄电池负极端：动力蓄电池负极—电流传感器—主负继电器—高压插接件—电机及控制器。

2. 动力蓄电池放电原理

预充电完成后，BMS 断开预充电继电器，闭合主继电器，动力蓄电池组进行放电。放电路径如图 15-12 所示。

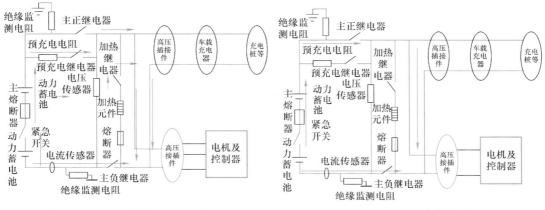

图 15-11　放电初期预充电电路图　　　　　　图 15-12　放电电路图

动力蓄电池组正极端：动力蓄电池—紧急开关—主熔断器—电池组正极—主正继电器—高压插接件—电机及控制器。

动力蓄电池负极端：动力蓄电池负极—电流传感器—主负继电器—高压插接件—电机及控制器。

15.3.3　绝缘监测

BMS 具有对高压回路的检测功能，监测动力蓄电池组与箱体、车体之间的绝缘状况。绝缘监测电路如图 15-13 所示。

绝缘监测电路工作路线：

动力蓄电池组正极端—绝缘电阻—主正继电器—搭铁。

动力蓄电池组负极端—绝缘电阻—主负继电器—搭铁。

整车高压部分绝缘由 BMS 检测，当监测到绝缘电阻低于规定值时，BMS 将对应的故障码上报给整车控制器，由组合仪表来进行故障码显示和故障灯报警。当组合仪表上显示了故障码和警告灯时，说明车辆出现了绝缘故障，必须马上进行故障排查，以免出现安全事故。

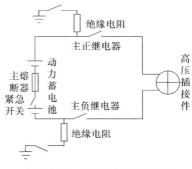

图 15-13　绝缘监测电路图

15.4　动力蓄电池系统的故障

15.4.1　工作条件

动力蓄电池系统能够正常工作提供高压电的三大条件，缺一不可，如图 15-14 所示。

动力蓄电池能够正常提供高压电的三大条件

① 整车低压电能正常工作	② 整车控制器能进行正常的低压唤醒	③ "主正继电器、主负继电器、维修开关"三个高压部件工作正常

图 15-14 动力蓄电池系统正常工作的条件

15.4.2 常见故障

当电动汽车动力蓄电池系统有故障时，仪表板上会以故障灯 ▄▄ 闪亮不同颜色表示，以提醒驾驶人及时维修。动力蓄电池系统常见的 9 种故障及解决办法见表 15-1。

表 15-1 动力蓄电池系统常见的 9 种故障及解决办法

序号	故障描述	解决办法（按序号进行操作）
1	SOC 异常，无显示或数值不符合逻辑	① 停车，关闭开关后重新启动 ② 检查仪表有无其他故障报警 ③ 联系专业人员复查排除
2	续驶里程低于经验值	检查充放电过程，确认电池容量是否衰减，BMS 控制是否正常
3	电池过热报警 / 保护	① 减速停车观察 ② 检查报警是否清除，检查是否有其他故障 ③ 若报警或保护清除，可以继续驾驶 ④ 运行中若连续 3 次以上出现减速停车故障，请联系售后人员
4	SOC 过低报警 / 保护	① SOC 低于 30% 电量报警出现时，减速行驶寻找最近的充电站进行充电 ② 停车休息 3~5min 后行驶，检查故障是否能自动消除 ③ 有电且故障未自动消除，联系售后人员解决
5	电压 / 电流明显异常	① 关闭点火开关 ② 迅速下车并保持适当距离 ③ 联系售后人员处理
6	钥匙开关打至 ON 后不工作	① 检查并维护低压电源 ② 重新打至 ON 档，查看是否工作 ③ 若仍不工作，联系售后人员
7	不能充电	① 检查 SOC 当前数值 ② 检查充电线缆是否按正确方式连接 ③ 若环境温度超出充电范围，终止充电
8	运行时高压短时间丢失	① 检查系统屏蔽层是否有效 ② 检查继电器是否正常工作 ③ 检查主回路是否接触良好
9	电池外箱磨损破坏	由售后人员维修处理

根据动力蓄电池系统故障对整车的影响，将故障划分为三个等级，如图 15-15 和图 15-16 所示。

图 15-15 仪表板警告灯颜色指示

一级（非常严重）：致命故障

需紧急断开高压电！动力蓄电池正常情况下不会上报该故障。BMS 一旦上报该故障，表明动力蓄电池处于严重故障状态。请求 1s 内停止放电或充电，若其他控制器未执行，BMS 会断开高压继电器

二级：严重故障

电机 0 转矩输出动力蓄电池限流 20A 输出！BMS 一旦上报该故障，表明动力蓄电池某些硬件出现故障，或处于无法正常工作的状态

三级：一般故障

跛行车辆进入限功率、限速 15 ～ 20km/h 行驶状态！BMS 一旦上报该故障，则表明动力蓄电池处于现环境温度下使用或单体电池一致性出现劣化，均衡出现问题。出现该故障，BMS 降低允许的最大充放电电流

图 15-16 动力蓄电池系统故障级别

一级故障：动力蓄电池系统一般不会出现该故障。一旦出现该故障，表明一段时间后整车会出现安全事故，如起火、爆炸、触电等。若该颜色的灯点亮，表示动力蓄电池系统内部短路或温度过高、控制器部分功能丧失，请求其他控制器在 1s 内予以停止正在进行的充电或放电。

二级故障：动力蓄电池正常工作一般不会上报该故障。BMS 一旦上报该故障，表明内部有通信故障或绝缘电阻过低，将停止能量回收和充电功能。

三级故障：BMS 上报该故障，表明电池处于极限温度下或单体电池的一致性出现劣化，动力蓄电池性能下降。该灯点亮表明该车进入限功率行驶状态和不能进行快速充电状态。

15.5 动力蓄电池系统的拆装

当确定某电动汽车的动力蓄电池系统出现故障，需要从车上拆下动力蓄电池系统然后分解动力蓄电池，找出有故障的单体电池，然后更换匹配新的单体电池。

15.5.1 拆卸步骤及注意事项

① 拆卸动力蓄电池操作步骤如图 15-17 所示。
② 拆卸动力蓄电池注意事项如图 15-18 所示。

拆卸动力蓄电池

① 将车辆置于举升机上，关闭上电开关，拆下 12V 蓄电池负极，断开整车低压电源

② 将车辆举升到适当高度，锁止安全锁

③ 拆下动力蓄电池总正、总负和低压线束插接件

④ 将动力蓄电池举升台架置于车底，并举升接触到动力蓄电池底部，然后拆卸动力蓄电池连接螺栓

图 15-17 拆卸动力蓄电池的操作步骤

—— 拆卸动力电池注意事项 ——

①所选择的举升机必须保证最大举重超过整车重量

②举升动力蓄电池的台架，最大举升重量要大于动力蓄电池

③接触高压部分前要进行高压放电，或佩戴绝缘手套操作

④拆卸动力蓄电池连接螺栓时，注意按对角线顺序分多次进行

图 15-18 拆卸动力蓄电池注意事项

15.5.2 安装步骤（图 15-19）

安装前检查动力蓄电池很重要，步骤如图 15-20 所示。

①	②	③	④	⑤	⑥	⑦
安装前检查动力蓄电池	举升车辆，将动力蓄电池置于台架上并移置车底	按对角线顺序分多次进行紧固连接螺栓，紧固螺栓的力矩必须达到技术要求，并进行复检	安装完毕后，观察箱体是否变形、密封法兰是否完整	连接高、低压线束，连接12V 低压蓄电池负极	打开上电开关，检查仪表动力蓄电池指示情况	试车，检查动力蓄电池安装情况是否完好

图 15-19　安装动力蓄电池操作步骤

①检查电源线、插头、延长线、保护器等是否破裂损坏、烧灼
②检查动力蓄电池壳体是否损坏、破裂、漏电
③检查动力蓄电池系统内是否有进水迹象
④检查高低压插接件是否能正常对接

图 15-20　动力蓄电池安装前的检查

15.5.3 更换步骤

若检测发现有损坏的单体电池，则需要先打开模块，然后拆卸单体电池并进行更换。

1. 拆卸动力蓄电池模块

拆卸动力蓄电池模块的步骤分为 5 步进行，如图 15-21 所示。

注意：将固定螺栓置于指定容器；将动力蓄电池模块移出箱体，并移至指定位置

① 根据显示的故障单体电池，再对应单体电池位置示意图，确定故障单体电池位置及需要拆卸的动力蓄电池模块

③ 拆断线束连接固定护套扎带，紧固螺栓并放置在指定的位置，将拆卸后的大线端部用绝缘胶带包扎防护

2. 拆卸单体电池

拆卸单体电池按四步进行，如图 15-22 所示。

② 关闭上电开关，拆下低压蓄电池负极搭铁线，断开维修保养开关，并等待 10min 以上

④ 拆卸故障单体电池所在模块上的采集单元及连接线束，并用胶带将线束固定到远离操作区域的位置

⑤ 拆卸动力蓄电池模块压板

图 15-21　更换动力蓄电池模板的步骤

3. 安装单体电池

安装新单体电池的操作步骤如下：

① 安装单体电池上下的护套，安装后应紧密贴合，不发生上下移动。

② 将新换的单体电池安装到动力蓄电池模块内，摆放位置要正确。

③ 当极柱表面有焊点时，将其打磨平整。然后利用连接排连接单体电池极柱，并确保连接排下表面极柱与上表面紧密贴合。法兰螺母紧固力矩为 5.6N·m，铝螺栓 3N·m。

④ 将采样线 OT 头利用螺栓紧固到连接排安装孔上，并对螺栓加防松剂。向指定位置注入导热硅胶，注入 2/3 为宜。将温度采样线插入安装孔，其下端与护套平行，之后用热熔胶将导线固定在单体电池护套上。

单体电池的焊接连接方式如图 15-23 和图 15-24 所示。

①将故障动力蓄电池模块上盖拆下，用十字螺钉旋具将采样线固定螺栓拆下，并将其置于指定位置
②将故障单体蓄电池连接排紧固件旋出，拆下连接排、垫片放到指定位置
③将故障单体蓄电池的上下护套拆下，拔出连接片
④找出故障单体蓄电池拆出，并标记故障现象和更换时间，置于返修容器中

拆卸动力蓄电池模块上盖

图 15-22　拆卸故障单体电池

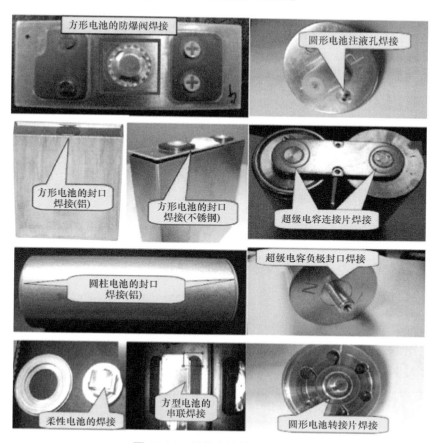

方形电池的防爆阀焊接

圆形电池注液孔焊接

方形电池的封口焊接(铝)

方形电池的封口焊接(不锈钢)

超级电容连接片焊接

圆柱电池的封口焊接(铝)

超级电容负极封口焊接

柔性电池的焊接

方型电池的串联焊接

圆形电池转接片焊接

图 15-23　单体电池的焊接方法

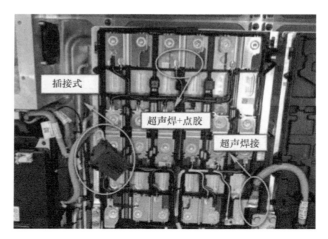

图 15-24　单体电池的连接

15.5.4　动力蓄电池模块入箱及线束连接

动力蓄电池模块入箱及线束连接步骤如图 15-25 所示。

1　检查动力蓄电池箱体保温层无损坏后，将动力蓄电池模块安装到箱体内

2　安装动力蓄电池模块压板，将压板压平紧固螺栓弹簧垫无翘起

3　安装动力蓄电池采集单元，确保端口朝向要正确

4　将暂时固定线束的绝缘布拆下，将插线按照标记插入相应的端口中，安装线束要注意插件的插入顺序

5　拆下大线端部绝缘防护固定到模块输出排上，并用护套完全覆盖连接点，用扎带固定护套

图 15-25　模块入箱及线束连接步骤

15.6　更换 BMS 的操作步骤

15.6.1　拆卸故障 BMS 的连接线束

① 将故障 BMS 周围固定线束的扎带剪断，剪断的扎带等杂物避免遗落在动力蓄电池箱内。

② 将故障 BMS 插件拔出，严禁以提拉线束的方式拔出插件。正确方式如图 15-26 所示。

③ 将拆卸后的线束固定到远离 BMS 的地方，以免操作过程中对线束造成伤害。

15.6.2　更换 BMS

① 利用套筒工具将 BMS 固定点螺母旋出，并将拆卸后的零部件放置到指定的容器内。

② 将故障 BMS 拆下，并放在指定返修位置。

③ 将新 BMS 搬放到安装板上，插件口朝向正确方向。

④ 将平垫片、弹簧垫和螺母放置到螺柱上，然后对螺母旋紧。注意旋紧分多次交叉方向。旋紧固定螺母的操作方式如图 15-27 所示。

图 15-26　拆解 BMS 插件的正确方式

图 15-27　旋紧固定螺母的操作方式

15.6.3　连接 BMS 线束

具体步骤如图 15-28 所示。

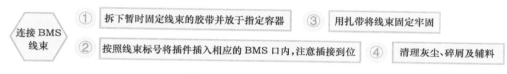

图 15-28　连接 BMS 线束

15.6.4　更换各继电器和电阻

动力蓄电池系统所用的继电器有加热继电器、预充电继电器和正负极继电器，更换时应分别依次按步骤拆卸、安装和连接导线，如图 15-29 所示。更换电阻也是一样依次按步骤进行，如图 15-30 所示。

图 15-29　更换动力蓄电池系统的继电器

①拆电阻	先将采样线及有故障的预充电阻两端的螺母拆卸，然后拆下预充电阻将预充电阻标明故障原因并单独放置
②安装电阻	将电气性能完好的预充电阻安装在集成器板上，并用螺母紧固
③连接导线	按照动力蓄电池电气图样要求，或拆卸前绘制的图纸标记，装回采样线等元器件

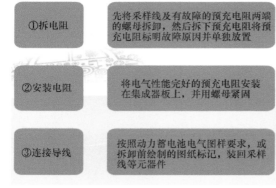
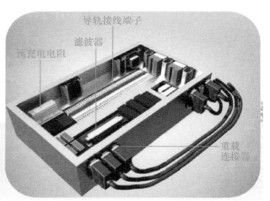

图 15-30　更换动力蓄电池系统的电阻

15.7　宝马 i3 电动汽车动力蓄电池及维修

高压动力蓄电池系统是宝马电动汽车 i3 驱动装置的储能装置。在车辆驱动时，高压动力蓄电池为车辆驱动电机供电，在制动能量回收时可使进行充电。该车可选装一个小型两缸汽油机驱动的发电机作为增程器，为高压动力蓄电池充电。

高压动力蓄电池系统的主要构成组件：电池组件、电池监控模块、SME 控制单元、热交换器、线束、（电气、制冷剂、排气）接口、壳体及固定部件。单体电池采用韩国三星公司的锂离子电池，额定电压为 3.75V，然后组装成完整的高压动力蓄电池单元。表 15-2 所示为高压动力蓄电池系统的技术参数。

表 15-2　高压动力蓄电池系统的技术参数

电压	360V 额定电压	259~396V
电池	96 只串联	单只电池额定电压 3.75V，额定容量 60A·h
最大可用能量	18.8kW·h	为保护电池寿命，储存能量不可全部使用
最大功率	147kW（短时）持续 40kW	放电时
	50kW	125A 直流充电（80%SOC 快速）用时 0.4h
	7.4kW	交流充电（80%SOC 慢速）
总重量	233kg	
尺寸	1584mm×892mm×171mm	
冷却系统	欧规 R1234yf 制冷剂	ROW R134a 制冷剂
电气加热装置	1000W	选配

15.7.1　动力蓄电池系统的安装位置及接口

宝马 i3 高压动力蓄电池系统的安装位置位于驾乘舱室的底部，如图 15-31 所示。

高压电池系统利用 12V 车载网络接口为集成式控制单元提供电压，确保总线信号、传感器信号和监控信号的正常工作。为了防止高压电池系统充电过程中温度过高，在其电池单元的框架内布置了制冷剂的循环管路予以降控温度，如图 15-32 所示。

高压电池系统的壳体通过26个螺栓以机械方式与驱动控制模块连接在一起，这可使重力以及行驶产生的加速力作用在车身上。固定连接螺栓可直接从下方接触到，不必拆下底部饰板。拆卸高压电池系统时必须首先将其切换至无电状态，然后将总成升降台升至相应的高度至电池系统的下方，才允许进行相关拆解固定螺栓的作业。

① 高电压接口是高压动力蓄电池系统连接电机控制系统的高压导线接口，如图15-33所示。

② 高压动力蓄电池右侧有两个接口（图15-34）：一是空调膨胀截止组合阀接口；二是高压电池系统车载网络接口。

高压动力电池系统的12V车载网络接口即SME控制单元导线接口有三种类型的导线：

① 为SME供电的总线端30F和总线端31。

② 为电机接触器供电的总线端30（碰撞信号线）。

③ 车身域控制器唤醒线。

15.7.2　加热装置和制冷系统

在电池温度明显低于最佳运行温度时，锂离子的化学反应会变慢，能量转换效率就会不理想。在电能充足的情况下，在驾驶人选择了车辆温度调节功能时开始对高压动力蓄电池进行加热。高电压电源管理系统（EME）根据电池温度控制加热功率，当电池达到最佳运行温度时，EME即停止加热装置的工作。

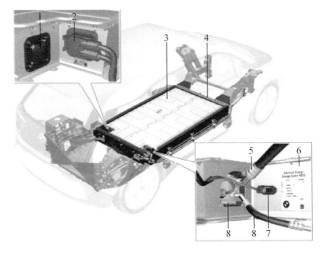

图 15-31　高压动力蓄电池系统的位置
1—动力蓄电池系统的排气口（位于高压电池系统的右上端）
2—高压电接口（与排气口相邻，同样位于右上端）
3—高压蓄电池系统　4—框架及驱动控制模块
5—制冷剂高低压管路（位于高压蓄电池系统的左上端）
6—高压蓄电池系统的标注名牌（位于左上端）
7—与车辆通信的12V车载网络接口（位于制冷剂高低压管路旁边）
8—膨胀截止组合阀与制冷剂高低压管路相接（位于高压电池系统的左上端）

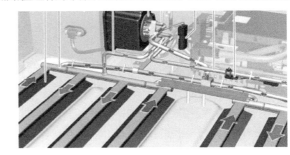

图 15-32　制冷剂的循环管路示意图

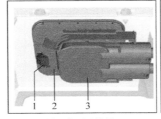
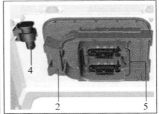

a) 插入高压导线接口　　　b) 松开高压导线的接口

图 15-33　高电压接口
1—高压触点监控电桥（插合状态）　2—机械滑块
3—高压导线插头　4—高压触点监控电桥（断开状态）
5—高电压接口

（1）高压动力蓄电池加热系统（图 15-35）

车辆在环境温度低于 0℃ 行驶或充电时，应对高压动力蓄电池加热至最佳温度，之后蓄电池才会提供最大的功率。高压动力蓄电池控制单元启用加热系统接头（图 15-40 中 3）使电流通过加热丝对电池系统进行加热。因冷却通道与电池模块接触，加热丝沿冷却通道布置，从而使加热丝产生的热量快速传至电池模块和单体电池。加热会消耗部分高压动力蓄电池的电能，进而会减少续驶里程，因此在行驶时不使用加热系统。行驶中电机驱动电流会使高压动力蓄电池变热，数分钟后方可提供全部驱动功率。

图 15-34　高压动力蓄电池右侧接口

1—膨胀截止组合阀接口　2—制冷剂低压管路接口
3—膨胀截止组合阀　4—高压动力蓄电池单元壳体
5—12V 车载网络接口　6—制冷剂高压管路接口

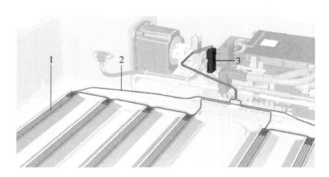

图 15-35　高压动力蓄电池加热系统

1—加热丝　2—导线　3—加热高压接头

由于是通过高电压系统为加热装置供电，此处采用橙色导线作为标记。在高压动力蓄电池作业时，因为在作业前拉开高电压安全插头高压系统切换至无电状态，所以加热装置导线也会处于无电状态，不再有危险电压。高压动力蓄电池在温度处于 25℃ ~40℃ 的最佳范围时，处于既不加热也不制冷运行状态。

（2）空调制冷系统循环回路

宝马 i3 的空调制冷系统循环回路由两个并联支路构成（图 15-36）：一支回路用于车内乘员客舱冷却；另一支用于高压动力蓄电池系统的冷却。两个支路各有一个膨胀截止组合阀，用于相互独立的控制冷却功能。高压动力蓄电池控制单元通过施加电压控制打开 / 关闭膨胀截止组合阀，

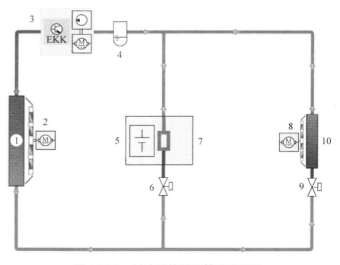

图 15-36　制冷系统循环管路原理图

1—冷凝器　2—电风扇　3—电动制冷剂压缩机　4—干燥器瓶
5—高电压蓄电池单元　6—膨胀和截止组合阀　7—热交换器
8—车内鼓风机　9—车内膨胀阀　10—车内蒸发器

使制冷剂进入高压动力蓄电池系统内得以膨胀蒸发，从而实现对高压动力蓄电池系统的冷却。

高压电池冷却系统的工作原理是：电动压缩机工作后使制冷剂在系统中形成高低压循环，电池热量传至膨胀阀后的制冷剂管路，制冷剂受热膨胀而蒸发流至压缩机后，被电动压缩机压缩成高压制冷剂，通过冷凝器将热量散发到环境大气中去，降温后的制冷剂重新变为液态制冷剂存于循环管路中继续循环使用。

膨胀截止组合阀通过一根控制线（通过 SME 控制单元）进行 0V 关闭 /12V 打开两种状态控制。当 SME 通过 LIN 总线接收到 IHKA/IHKR 控制单元高压动力蓄电池冷却的需求时，通过步进电机（0~100%）连续调节膨胀阀开度，调节式膨胀截止组合阀实物如图 15-37 所示。

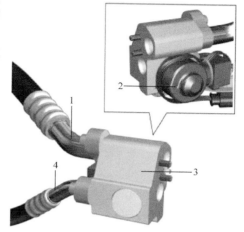

图 15-37　调节式膨胀截止组合阀实物图
1—制冷剂抽吸低压管路　2—步进电机
3—膨胀截止组合阀　4—制冷剂高压管路

15.7.3　动力蓄电池控制单元

为了满足高压动力蓄电池的设计使用寿命和功率的最大化，在使用时必须有严格的保护措施：

① 使动力蓄电池运行在最佳的温度范围内（加热 / 冷却或限制电流）。

② 均衡所有电池的充电状态。

③ 在特定的范围内可用完善电池的储存能量。

为此设计了 IHKA/IHKR 高压动力蓄电池控制单元。其电路如图 15-38 所示。除 8 个电池模块的电池本身外，还包括蓄能器管理控制单元，电池监控电子装置（CSC），接触器、传感器和熔丝的安全盒，以及可选装的电器加热控制装置等。

1. SME 控制模块

在高压动力蓄电池系统中蓄能管理装置（SME）是电池的核心控制管理模块。SME 控制模块执行以下任务：

① 根据要求控制高压系统的启动和关闭。

② 分析所有电池电压、温度和高压电路电流。

③ 控制高压动力蓄电池系统的冷却装置。

④ 确定高压动力蓄电池的充电状态（SOC）和老化状态（SOH）。

⑤ 确定高压动力蓄电池的可用功率或提出限制要求。

⑥ 电压、温度、高压触点和绝缘的安全监控。

⑦ 识别并发送故障状态和存储故障码。在 SME 单元的故障码存储器内不仅可存储控制单元的故障，还可存储高压动力蓄电池系统内其他组件的故障。SME 单元根据故障的严重程度和提供的功能进行以下三种操作：

① 立即关闭高压系统。当出现的故障影响到高压系统安全或对高压动力蓄电池有损坏风险时，SME 单元就会立即断开电动机械式接触器触点，关闭高压系统。此时车辆失去驱动能力，但通过 12V 车载网络电源提供能量的转向助力和制动助力依然存在，驾驶人可滑行并就近靠边停车。

② 限制功率。高压动力蓄电池无法继续提供最大功率和全部能量时，为保护组件会限制驱动功率和续驶里程，此时驾驶人可明显感受到驱动功率的降低和提示的已缩短的续驶里程。这时驾驶人须将车驶至最近的宝马汽车维修点或待援地点进行处理。

③ 对客户无直接影响的故障。在高压动力蓄电池系统各模块之间通信受到短时干扰时，只产生一个故障码记录在存储器内，不使功能受限或危及高压安全系统时，客户不会看到这些"故障码"信息也不会感受到车辆功能受限。这些故障码只是在维修保养时，便于维修人员通过诊断系统进行分析，对使用车辆无影响。

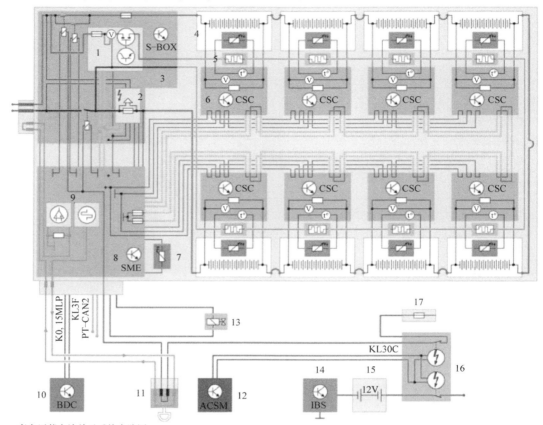

高电压蓄电池单元系统电路图

图 15-38　高压动力蓄电池控制单元电路

1—电气加热控制装置　2—测量高压动力蓄电池系统负极导线电流的传感器
3—带接触器、熔丝的安全盒　4—电池模块　5—电气加热装置　6—电池监控电子装置（CSC）
7—制冷剂管路温度传感器　8—蓄能器管理电子装置　9—高压电触点监控电路控制装置　10—车身域控制器
11—高压电安全插头（维修时断开此连接）　12—触发安全型蓄电池接线柱的 ACSM 控制管路　13—冷却液管路截止阀
14—智能型蓄电池负极传感器　15—低电压蓄电池　16—安全性蓄电池接线柱　17—前部配电盒

2. 电池模块

高压动力蓄电池单元由 8 个串联连接的电池模块构成，每个电池都分配有一个电池监控电子装置。每个电池模块由 12 个串联的电池构成，每个电池额定电压为 3.75V，电池模块额定电压为 45V。为确保电动汽车所用锂电池的正常运行，电池电压和电池温度不允许低于或高于特定数值，否则可能导致电池损坏。电池模块在动力蓄电池箱内的布置顺序如图 15-39 所示。

在维修更换电池模块时必须按相应的编码顺序进行，因为该顺序编码存储在诊断系统内，可用于故障查询分析。

3. 电池监控电子装置

电池监控电子装置执行测量和监控每个电池的电压、测量和监控电池模块的温度、将所测量参数传递给 SME 控制单元和执行电池电压补偿过程 4 项任务。电池监控电子装置以每 20ms 一次扫描频率测量电池电压，来识别充电过程或放电过程是否结束。每个电池模块装有 4 个 NTC 温度传感器，分别安装在电池模块上，根据测量值来确定各电池的温度，从而来识别电池是否过载或有电气故障。若发现有过载或有电气故障，SME 控制单元立即降低电流或关闭高压系统，以免电池进一步损坏。若所测的电池温度处于较高的范围内，则控制单元 SME 启用冷却或加热系统，确保动力蓄电池始终运行在最有利的自身功率和使用寿命的温度范围内。

4. 安全盒（S 盒）

在高压动力蓄电池单元内设有独立壳体的开关安全盒（简称 S 盒），在 S 盒内集成了以下 5 项组件功能：

① 蓄电池负极电流传感器。

② 蓄电池正极电流熔丝。

③ 两个电动机械式接触器。

④ 缓慢启动高压系统的预充电电路。

⑤ 测量蓄电池总电压和监控绝缘电阻的电压传感器。

另外，组成动力蓄电池系统的还有底部的壳体、带密封条的盖板、带膨胀截止组合阀的冷却通道、排气口和两组连接线束等。

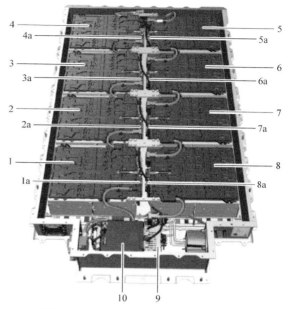

图 15-39 高压动力蓄电池模块实物图

1~8—电池模块 9—安全盒（S 盒）
10—蓄能器管理电子装置

15.7.4 动力蓄电池的充电

通过外部电网为宝马 i3 高电压蓄电池充电。在充电时 SME 控制单元根据充电状态和温度来确定高压电池目前可吸收的最大功率。该充电数值还通过 PT-CAN2 总线传输给电机控制单元（EME）。在充电期间，SME 控制单元持续确定已达到的充电状态，并监控动力蓄电池所有的传感器信号。为了确保最佳充电运行，SME 控制单元根据检测到的信号参数值持续计算当前最大充电功率，持续控制高压动力蓄电池的加热和冷却系统，以确保快速、有效的充电过程的进行。

15.7.5 动力蓄电池的维修

宝马电动汽车动力蓄电池有维修条件，只允许具有"BMWi 全方位服务"和"BMWi 扩展型蓄电池服务"的经销商对动力蓄电池系统进行修理作业。

修理动力蓄电池系统的修理工位必须洁净、干燥、无油脂和无飞溅火花，即此工位必须远离或隔离车辆清洗场所和车身修理工位。修理动力蓄电池系统的专用工具主要有：

① 可移动总成升降台 MHT1200。

② 拆卸和安装动力蓄电池系统的适配接头套件。

③ 动力蓄电池模块充电器。

④ 动力蓄电池系统试运行的 EOS 测试仪。

⑤ 拆卸和安装电池模块的起重工具。

⑥ 动力蓄电池系统的起重横梁。

⑦ 用于松开动力蓄电池内部卡子的塑料楔块。

宝马公司规定只允许进行过"高电压车辆作业专业培训"、"I01 高电压系统培训"和"I01 高电压蓄电池单元修理培训"并取得合格证书、获得资质的维修人员方可进行这项工作。

对动力蓄电池进行维修前必须使用 BMW 诊断系统进行检测，只有在动力蓄电池外部没有机械损伤且检测结果指向动力蓄电池系统的情况下，方可打开动力蓄电池系统，并根据维修计划更换损坏的组件。除更换损坏组件外不允许对动力蓄电池系统内部包括线束在内的任何部件进行修理。

拆卸电动汽车高压动力蓄电池的步骤程序：

① 拉开位于车辆正前方左侧冷却液补液罐旁边的棕色部件——高电压安全插头（图 15-40），使高压系统自动关闭切换到无高电压状态。

② 抽吸制冷剂。

③ 为确保能够顺畅地拆卸和安装动力蓄电池，使用双柱举升机抬起车辆。

④ 断开 12V 车载网络、高压导线、空调膨胀截止组合阀接口。

⑤ 用专用塞子密封住制冷剂管路接口。

⑥ 将可移动总成升降台移至动力蓄

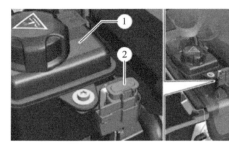

图 15-40　高电压安全插头实物图

1—加热循环回路冷却液补液罐
2—高电压安全插头（售后服务时断开连接）　3—盖板

电池系统下方，将适配器安装到动力蓄电池上进行固定并观察是否正确就位。

⑦ 松开模块上的固定螺栓和电位补偿螺栓。

⑧ 缓慢降低升降台，带动动力蓄电池系统降下脱离车体。

⑨ 全方位直观检查动力蓄电池壳体是否存在污物、损坏和过热烧蚀异常现象。

⑩ 送至动力蓄电池专用修理工位。

> 注意事项：动力蓄电池是一个尺寸较大且较重的组件，在更换和固定电池模块时应特别注意壳体是否位于规定的可移动总成升降台适配器上，防止作业期间壳体张紧变形。

对动力蓄电池系统进行更换修理后在装车前必须使用 EOS 测试仪进行最终测试。

EOS 测试仪如图 15-41 所示。测试步骤如下：首先进行密封性测试，然后进行耐压强度测试、绝缘电阻测试和 SME 绝缘监控测试，读出故障码记录，若无故障就会输出测试代码。此后可以将动力蓄电池系统装车。

安装动力蓄电池系统时首先使用移动升降台将电池单元移动到车辆下方，缓慢升起电池箱，分别装入固定螺栓，分三次对称紧固，再装入电位补偿螺栓，最后对全部螺栓按规定的拧紧力矩检查紧固。移除升降台，连接车载网络、高压导线、空调膨胀截止组合阀接口；放下车辆，按下接通高压安全插头；加注回收的制冷剂，试车无误后动力蓄电池系统维修完毕。

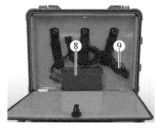

图 15-41　EOS 测试仪作用

1—用于操作的触摸屏　2—用于更新的 USB 接口
3—网络电缆和主开关接口　4—I01 加压钟形罩
5—连接电缆　6—高电压插头　7—I12 加压钟形罩
8—用于高压测试的继电器盒　9—网络电缆

第16章　充电系统故障诊断维修 〉〉〉〉〉〉〉〉〉〉〉〉

充电是电动汽车补充能源的重要方式，目前充电系统多为传导式充电。按充电机的安装方式不同，传导式充电分为车载慢充电系统和非车载快充电系统两大类。当电动汽车充不进电时，因使用的充电系统不同，所产生的故障原因和排除方法也不同，在此分别进行阐述。

16.1　慢充电系统

电动汽车的慢充电即普通充电，是将220V的居民用电通过充电线缆连接，接入充电口，利用车载充电机进行充电的方式。

16.1.1　慢充电原理

普通慢充电的工作原理如图 16-1 所示。

① 当车辆充电插头插入插座后，充电机桩通过检测点 4 的电压值来判断供电插头与插座是否完全连接，整车控制器单元通过测量 R_c 电阻来确认车辆接口是否完全连接，即 CC 检测。

② 如果充电桩无故障且充电接口完全连接，则 S1 从 12V 连接状态切换至 PWM（脉冲宽度调制）连接状态，充电桩控制器发出 PWM 信号，充电桩通过检测点 1 的电压来判断充电装置是否完全连接，整车控制器通过检测点 2 的 PWM 信号判断充电装置是否完全连接（CCP 检测）。

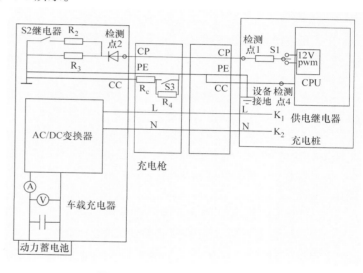

图 16-1　慢充电系统工作原理图

③ 当完全通过以上检测后且充电机自检没有故障，并且电池组处于可充电状态，车辆整车控制器使车载充电机内的 S2 触点闭合。

④ 当车辆和充电桩建立电气连接后，整车控制系统通过判断检测点 2 的 PWM 信号占空比来确认供电设备充电机的最大供电能力，还通过判断 R_c 的电阻值来确认电缆的额定容量。

⑤ 整车控制器对充电桩当前能提供的最大供电电流、车载充电机的额定输入电流值以及电缆的额定容量进行比较，将其最小值设定为车载充电机当前的最大允许电流，当设置完成后，车载充电机开始对电动汽车进行充电。充电连接信号唤醒与确认，如图 16-2 所示。

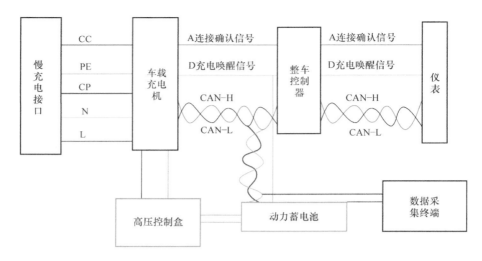

图 16-2　充电连接信号唤醒与确认

16.1.2　慢充电工作程序

① 充电枪连接到充电机，充电机反馈到整车控制器进入充电模式，唤醒仪表显示连接状态，同时唤醒整车控制器和 BMS。整车控制器使动力蓄电池正、负主继电器闭合，也使仪表启动显示充电状态。

② 充电枪连接完成系统确认后，低压电唤醒整车控制器，BMS 检测充电需求，并向车载充电机发送充电工作指令，动力蓄电池继电器闭合。

③ 当动力蓄电池继电器闭合后，车载充电机开始工作进行充电。在充电过程中整车控制器监控充电参数、动力蓄电池的温度、电压、电流等参数。

④ 当 BMS 检测到电池电量升到足够高时表明充电完成，BMS 给充电机发送停止充电的指令。

⑤ 车载充电机收到停止充电的指令后，停止工作并向整车控制器发送停止充电信息。

⑥ 拆掉充电枪后，整车控制器使充电模式转换到行车模式，仪表充电指示灯熄灭，动力蓄电池正、负继电器断开，至此充电完全结束。

车辆的充电过程有行车模式和充电模式两种模式。两种模式的切换规则，如图 16-3 所示。

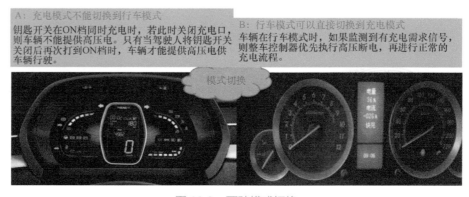

图 16-3　两种模式切换

16.1.3 慢充电信号确认

① 当车辆充电插头与车辆插座插合后，充电桩通过检测点 4 的电压来判断供电插头与插座是否完全连接；车辆控制装置通过检测 R_c 阻值来确认车辆接口是否完全连接（CC 检测），如图 16-4 所示。

② 如果充电桩无故障且供电接口完全连接，则 S1 从 12V+ 连接状态切换至 PWM 脉冲调制状态，充电桩通过检测 1 点的电压值来判断充电装置是否完全连接；车辆控制装置通过测量监测点 2 的 PWM 信号，判断充电装置连接是否完全连接，如图 16-5 所示。

③ 车载充电机 OBC 自检没有故障，并且电池组处于可充电状态时，车辆控制装置闭合 S2，如图 16-6 所示。

④ 当充电桩开始对电动汽车充电后，车辆控制装置通过判断检测点 2（图 16-7）的 PWM 信号占空比确认供电设备的最大可供电能力，并且通过判断 R_c 电阻值来确认电缆的额定容量。

16.1.4 慢充电流程及条件

整个充电过程可分为六个阶段，如图 16-8 所示。在充电过程中充电机和 BMS 如果在规定的时间内（一般为 5s）没有收到对方有效报文信息，即判断为超时。当出现超时，BMS 向充电机发送错误报文，进入故障处理状态。根据故障的类别，分别进行不同的处理甚至结束充电。

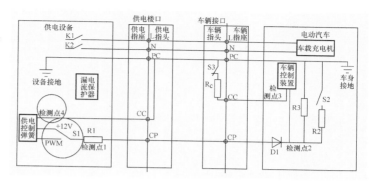

图 16-4 车辆充电插头与车辆插座插合检测点 4

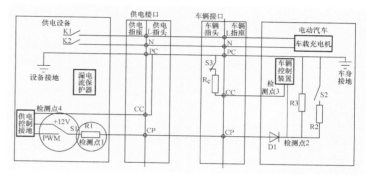

图 16-5 充电装置是否完全连接检测点 1

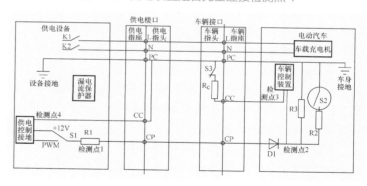

图 16-6 充电状态 S2 闭合

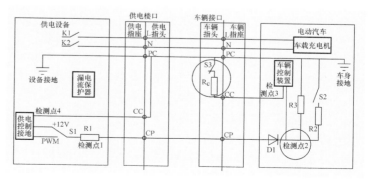

图 16-7 充电后检测点 2

物理连接阶段(充电枪连接完成) → 低压辅助上电(低压信号接通) → 充电握手成功阶段 → 充电参数配置阶段 → 充电阶段 → 充电结束 → 充电枪断开

图 16-8　慢充电流程

慢充电的充电条件如图 16-9 所示。

①充电桩的输入电源正常
②充电连接确认信号 CC 正常
③充电机供电 220V 电源正常
④ 12V 充电唤醒信号输入正常
⑤充电机、整车控制器和 BMS 之间的通信正常,主继电器闭合
⑥单体电池温度在 5 ～ 45℃

⑦单体电池最高电压与最低电压差 < 300mV
⑧单体电池最高温度与最低温度差 < 15℃
⑨绝缘性能 > 500Ω/V,无绝缘报警故障
⑩实际单体电池最高电压不大于额定单体电压 0.4V
⑪远程控制器开关关闭
⑫高低压电路连接正常

图 16-9　慢充电工作充电条件

16.2　慢充电常见故障及排除

16.2.1　车载慢充电常见故障及排除

1. 车载慢充电常见故障

常见故障及原因,如图 16-10 所示。

2. 故障检查与排除

当车辆出现不充电故障进行以下检查:

① 若充电桩显示车辆未连接,则检查充电桩、充电线、充电枪、充电口、车载充电机、高压控制盒和动力蓄电池之间的线路连接是否良好。

② 若出现动力蓄电池继电器未闭合不能充电故障,则检查低压供电唤醒信号是否正常,车载充电机指示灯是否点亮(该指示灯是三种或三种颜色)。若指示灯均未点亮则表示没有电源输入,应分别检查充电枪、充电接口和充电线束的连接情况是否正常。若正常,则检查车载充电机 12V 电源和慢充唤醒信号是否正常,整车控制器、动力蓄电池等部件的 CAN 总线是否正常,BMS 的 12V 唤醒信号是否正常,BMS 和整车控制器搭铁是否正常。

③ 使用故障诊断仪分析检查动力蓄电池、车载充电机、整车控制器、高压连接端口等是否有故障码,或对数据进行分析,以查找出故障所在。

④ 还可对所怀疑的部件进行替换,检查该部件是否损坏。

故障检查排除思路如图 16-11 所示。

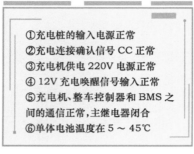

常见故障有三种
①充电桩显示车辆未连接
②动力蓄电池继电器未闭合
③动力蓄电池正负继电器正常闭合,但充电机无输出电流

主要原因
①插接器是否正常连接
②充电枪安装不到位
③车辆与充电桩两端的枪接反了
④车载充电机输出唤醒是否正常
⑤车辆充电枪是否插接到位
⑥插接器及线缆是否连接正确
⑦高压熔断器是否熔断

图 16-10　常见故障及原因

图 16-11　故障检查排除思路

16.2.2　检查并更换充电机

当车载充电机出现不充电故障时，应按以下方法检查充电机。

① 检查车载充电机三个指示灯，若都不亮则检查充电枪、充电线 N、L、PE、CP、CC 端线路是否导通。

② 检测充电唤醒信号是否正常。

③ 检查充电线束是否损坏、高压控制盒是否损坏，逐步检查熔丝、电阻灯是否良好。若良好则更换充电机。

④ 拆卸并安装充电机，如图 16-12 和图 16-13 所示。

图 16-12　拆卸充电机

图 16-13　安装充电机

16.2.3　车载充电机不充电故障实例

1. 故障现象

当电动汽车信息显示需要充电或控制器发出电池亏电报警时，将充电连接导线的插头连接到家用三孔插座或交流充电桩的插座进行充电，而车辆的充电指示灯却无反应，既不点亮也不闪烁。

2. 故障检查

① 检查充电导线的连接情况，重点检查充电插座的连接部分是否松脱、未接触。

② 检查上电（钥匙）是否处于断开 OFF 状态，部分车辆设计在钥匙处于上电接通运行（ON 或 RUN）状态时，不能充电。

③ 检查充电机输出导线端子是否与动力蓄电池的正负极可靠连接。若连接不好，则充电机不能进行充电工作。

④ 检查充电机输入输出熔断器是否熔断。

⑤ 检查整车控制器是否发出不允许充电机工作的信号。

⑥ 检查 BMS 是否发出不允许充电机工作的信号。

⑦ 动力蓄电池电压或温度过高，充电机为保护动力蓄电池自行中断充电。

⑧ 检查是否为充电机内部控制模块、功率模块故障。

3. 故障排除

根据检查出的故障原因重新连接导线，加固连接端子，重置钥匙位置或更换熔断器、控制功率模块，清除错误信号后，使充电机重新恢复工作。

16.3 快充电系统

16.3.1 快充电原理

快充电系统是将工业 380V 三相电，通过功率变换后直接将高压大电流通过高压线束传给动力蓄电池的一种充电方式。用 10~30min 时间对电池充满 80%，是电动汽车运行途中补充电能的重要方式。快充电系统的原理图如图 16-14 所示。

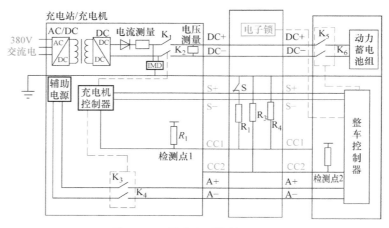

图 16-14　快充电系统的原理图

图 16-15 中 K_1、K_2 为充电站快速充电机的高压正、负继电器；K_3、K_4 为充电机低压唤醒正、负继电器供电输出给整车控制器；K_5、K_6 为动力蓄电池高压正、负继电器；检测点 1（CC1）为充电机检测快速插头与车辆连接状态识别信号；检测点 2（CC2）为车辆控制器检测快充插头与车辆连接状态识别信号。当在检测点 1 和检测点 2 检测到电压值符合要求及确认充电站的快速充电机与车辆连接可靠后，继电器 K_3、K_4 闭合，快速充电机输出 12V 低

压电唤醒信号到整车控制器，两者进行身份确认；身份确认握手成功后，整车控制器报送动力蓄电池的充电需求，快速充电机报送充电能力；二者匹配后，整车控制器和 BMS 控制 K_5、K_6 闭合，快速充电机控制 K_1、K_2 闭合，即进入充电状态阶段。快速充电接口端子定义及实物如图 16-15 所示。

快速充电口		
快速充电口一般位于前舱盖前方车标内部，用于与充电线连接。当打开快速充电口（充电口）插入充电枪后，仪表内的充电指示灯点亮；关闭充电口拔下充电枪后，指示灯应熄灭		
序号	名称	定义
1	DC−	高压输入负极，到高压控制盒至动力蓄电池负极
2	DC+	高压输入正极，到高压控制盒至动力蓄电池正极
3	PE(GND)	车身搭铁，接蓄电池负极
4	A−	接蓄电池负极，低压辅助电源负极
5	A+	12V 快充唤醒信号，低压辅助电源正极
6	CC1	快充电连接确认线，属于内部电路
7	CC2	快充电连接确认线，按整车控制器
8	S+	快充电 CAN-H 与 BMS 及数据采集终端通信
9	S−	快充电 CAN-L 与 BMS 及数据采集终端通信

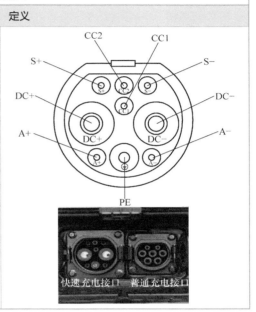

图 16-15 快充电接口端子定义及实物

在快充电过程中，整车控制器不断发送充电请求和充电状态报文，充电机反馈充电机状态报文；当整车控制器和 BMS 判断动力蓄电池电量达到额定容量的 80% 以上时，即通知快速充电机判断为充电结束；此时充电机断开 K_1、K_2 继电器，整车控制器断开 K_5、K_6 继电器，充电至此结束；断开 K_3、K_4 继电器，拔下充电枪后快速充电彻底完成。

快充电工作条件如图 16-16 所示。

①充电连接确认信号 CC1、CC2 正常
②BMS 的 12V 供电电源正常
③12V 充电唤醒信号输出正常
④充电桩、整车控制器和 BMS 之间的通信正常
⑤单体电池温度在 5 ~ 45℃
⑥单体电池最高电压与最低电压差 < 300mV
⑦单体电池最高温度与最低温度差 < 15℃
⑧绝缘性能 > 500Ω/V
⑨实际单体电池最高电压不大于额定单体电压 0.4V
⑩高低压电路连接正常

图 16-16 快充电的工作条件

16.3.2 快充电系统故障及原因

快充电出现故障后应首先检查线路连接情况是否正常，然后检查快充系统低压辅助电源（包括充电站的快速充电机和车辆的低压电源）、连接确认信号、快充电 CAN 总线的针脚情况以及电压、电阻是否符合要求；检查 BMS 快充唤醒信号是否正常；检查高压线路的熔断器、

线路和继电器有无问题；检查高压控制盒快充电连接端子电压是否正常，若无电压则需要更换控制盒，若有电压则需对动力蓄电池进行检修。常见故障及原因如图 16-17 所示。

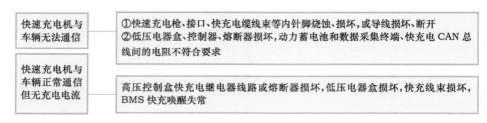

图 16-17　快充电常见故障及原因

快速充电机与车辆无法通信的主要原因有，①快速充电枪、接口，快充电缆线束等内的针脚烧蚀、损坏，导线损坏、断开；②充电机内的低压电器盒、控制器、熔断丝损坏、动力蓄电池和数据采集终端快充 CAN 总线间的电阻不符合要求。

快速充电机与车辆正常通信但无充电电流原因有：高压控制盒快充继电器线路或熔断丝损坏、低压电器盒损坏、快充线束损坏、动力蓄电池控制系统 BMS 快充唤醒失常。

16.3.3　快充电系统故障实例

1. 故障现象

当电动汽车信息显示需要充电时，将充电桩的充电枪连接汽车的直流充电接口，按下充电按钮，充电桩的信息显示屏无充电信息显示。

2. 故障检查

① 检查充电枪与车辆充电口的连接情况，确认充电枪与车辆快速充电口连接正确，且充电枪端子与充电口端子接触良好。

② 检查上电（钥匙）是否处于断开 OFF（拔出）状态，部分车辆设计在钥匙处于上电接通运行（ON 或 RUN）状态时，不能充电。

③ 检查充电桩是否能正常工作，充电枪与车辆的快速充电口连接后信息触摸屏显示是否正常，触摸按键"确认"后应该执行充电。

3. 故障排除

根据检查出的故障原因重新连接充电枪与充电口，将车钥匙断开拔出，更换充电桩重新连接充电枪进行充电工作。

16.4　动力蓄电池组均衡充电管理

16.4.1　均衡充电控制管理的原因

电动汽车的锂电池组是汽车的主要驱动能源，由各个单体电池采用串并联的方式组合而成，其状态的好坏直接影响整车的使用性能。电动汽车的动力蓄电池由于生产制造和工作环境的影响，会造成单体电池的不一致，在电压、容量和内阻等参数上会存在差别，导致每个单体电池在实际使用过程中有效容量和充电电量是不一样的。因此为保证电池系统的整体性能，延长使用寿命，应对动力蓄电池进行均衡控制以减少单体电池之间的差异性。

均衡管理有助于电池容量的保持和放电深度的控制。如果不对动力蓄电池进行均衡控制，由于 BMS 的保护功能，就会出现某个单体电池充满时，其他单体电池没有充满的现象；

或在放电时某个单体电池放电截止时，其他电池还没有达到放电截至。一旦电池过充电或过放电，电池内部就会发生一些不可逆的化学反应，导致电池性能受到影响，从而影响整个动力蓄电池包的寿命。

目前动力蓄电池组在装车前通过匹配能减少一些不均衡的影响，但不能在根本上解决不均衡的问题。电动汽车锂离子电池组在循环充放电的使用过程中，会使各单体电池的不一致性越发突出，由于动力蓄电池组的不一致性问题造成电池组的可用容量和使用寿命远不及单体电池，并且加大了对电池管理和控制的困难，因此均衡充电保养对锂离子电池组的使用和延长寿命有着至关重要的作用。

16.4.2 均衡充电管理的方法

锂离子电池的均衡充电使用带均衡系统的充电机进行，均衡充电系统主要分为充电、控制和均衡3部分。其结构框架如图16-18所示。图中单片机是整个控制系统的核心，它主要完成对动力蓄电池组电流、电压和温度等参数的采集，检测动力蓄电池组充电过程中的工作状态，控制均衡电路模块，实现动力蓄电池组在充电过程中的动态均衡。

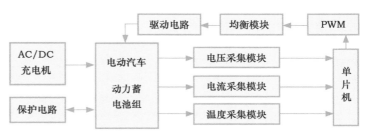

图 16-18 锂离子动力蓄电池组充电均衡系统示意框图

动力蓄电池组由单体锂离子蓄电池串、并联构成，用恒压 / 恒流的开关电源进行充电，在锂离子动力蓄电池组中附加保护电路，防止发生过电流、过电压等情况，确保锂离子动力蓄电池组充电安全。电池端电压是电池性能的重要指标，在充电后期电压变化明显，因此电池充电时的各单体端电压是实现电池充电均衡的重要监控变量，利用精准稳定的监控电路实时采集电压信号，并将数据送入单片机。为避免动力蓄电池组在充电过程中出现异常，电流检测电路和温度检测电路会实时检测电流大小及电池温度的高低，再由 PWM 脉冲发生器通过驱动均衡模块控制驱动电路来实施动力蓄电池的均衡工作。该均衡充电模式充电时间较长，一般为 6~10h。一般电动汽车动力蓄电池需要每年或 2~3 万 km 进行一次深度的放电均衡保养，使电池容量得到充分利用，减小其动力蓄电池的容量衰减，延长动力蓄电池组的使用寿命。

16.5 充电故障两例

江淮同悦 IEV 电动汽车，整车最高车速达到 95km/h，最大爬坡度 20%，综合工况行驶里程 152km，平均每百公里耗电为 15 度，具有较高的性价比。

充电过程：当车辆停稳后断开上电开关（钥匙）关闭驱动系统，将车载充电电源的标准插头插入充电座或充电桩相应的标准插座内，再将移动充电枪插头插入车辆充电口的充电插座内，并确认移动机械锁止卡扣进入插座相应的卡槽内；此时充电指示灯变为红色，常亮数秒后开始闪烁，充满后变为绿色常亮。充电完成后，先按住充电枪头上的红色按钮，将机械锁止卡扣脱离插座的卡槽，然后慢慢拔出充电枪插头，再将充电插头从充电电桩或充电插座中拔出，扣合上充电盖板。

下面分别阐述两例江淮同悦 IEV 的充电故障。

16.5.1 低压蓄电池亏电引起的车辆无法充电故障

1. 故障现象

一辆江淮同悦 IEV2 代车,已行驶 5600km,车主外出培训学习两个月回来后,发现车库中存放的电动车无法充电。

2. 故障检查排除

检查车辆随车充电线正常,连接充电插座或充电桩,车内仪表台中的充电指示灯不亮。插入上电(点火)钥匙拧到 ON 接通运行位置,仪表无反应,任何灯都不亮,这说明低压电源无电。检查发现该车暖风风机开关和小灯开关未关,用万用表检查电压已降至 7.6V,查阅该车型相关资料得知,该车动力蓄电池需要 CAN 总线唤醒使充电继电器工作才能充电,如图 16-19 所示。如果低压电源无电,则无法唤醒 CAN 总线,不能使充电继电器工作,也就不能对动力蓄电池组充电,进而影响车辆使用。断开车辆 12V 的低压蓄电池负极搭铁线后,对该低压蓄电池进行充电 1h 后停止,连接该低压蓄电池

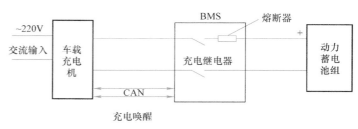

图 16-19　同悦 IEV 充电控制示意图

负极,再连接该车的充电线到充电座,车辆的充电指示灯开始点亮,几秒钟后闪烁进入正常的充电状态。

3. 故障总结

该车使用后未经充电长时间放置停用,引起 12V 低压蓄电池严重亏电。同悦 IEV 电动汽车装配两种电池:一是用于驱动车辆行驶,向驱动电机供电的锂离子动力蓄电池,二是 12V 的铅酸低压蓄电池(与燃油车蓄电池相同)。12V 的低压蓄电池也安置在动力前舱,与 DC/DC 变换器一起为前照灯、喇叭、仪表、刮水器等低电压系统用电设备供电。同时在车辆运行时,12V 低压蓄电池接受 DC/DC 变化器转化出来的多余的电能,并将其储存起来,在车辆停用 DC/DC 变换器不工作时为车辆的防盗等其他用电设备供电。该同悦 IEV 电动汽车停驶时,DC/DC 变换器是不工作的,但 12V 低压蓄电池是工作的,不断地为防盗、控制器等其他用电设备提供电能,时间过长该蓄电池的电能即被耗尽。该车的设计是通过 CAN 总线唤醒 BMS 后才能进入充电模式,因低压蓄电池能量耗尽,CAN 总线不工作,也就无法唤醒 BMS,因而也就不能进行充电工作了。

16.5.2 紧急维修开关引起的车辆无法充电故障

1. 故障现象

一辆江淮同悦 IEV4 代车,车辆因故障维修后发现该车无法充电。

2. 故障检查排除

检查车辆随车充电线正常,连接充电插座或充电桩车内仪表台中的充电指示灯不亮。插入上电(点火)钥匙拧到 ON 接通运行位置仪表灯点亮,这说明低压电正常,但断开钥匙连接充电枪仍不充电。打开钥匙后将变速杆置于 D 档,踩动加速踏板发现车辆无反应,此时发现仪表的电量指针处于最低位置,高压电没有接通。车辆的控制器及主继电器是正常

的高压电不会因故而断开，只有紧急维修开关在车辆维修前使其处于断开状态，接通行李舱中红色的紧急维修开关，如图 16-20 所示。

再打开钥匙至 ON 位置，电量表指针回到接近 F 位置，如图 16-21 所示。关闭钥匙开关后，连接充电枪充电正常。

图 16-20　紧急维修开关实物图

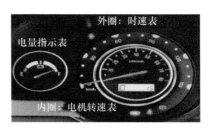

图 16-21　电量指示图

3. 故障总结

紧急维修开关是保证电动汽车高压电安全的关键部件，在维修电动汽车举升车辆时必须断开紧急维修开关，其电路示意图如图 16-22 所示。

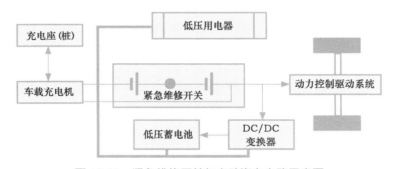

图 16-22　紧急维修开关与电动汽车电路示意图

紧急维修开关有两种布置方式：一种是位于动力蓄电池高压电的正极；另一种是布置在动力蓄电池组中间。该车在断开紧急维修开关维修完成后，忘记接通紧急维修开关就给该车充电，从而导致了不能充电故障。紧急维修开关的操作要求如图 16-23 所示。

电动汽车维修作业的操作步骤如图 16-24 所示。

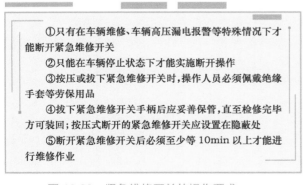

图 16-23　紧急维修开关的操作要求

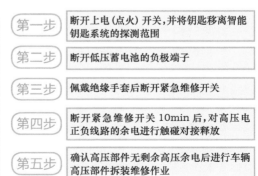

图 16-24　电动汽车维修作业的操作步骤

第 17 章　驱动系统故障诊断维修 》》》》》》》》》》》》》》》》》》》》

电动汽车的驱动系统由动力蓄电池组、驱动电机及控制器、整车控制器、DC/DC 变换器、上电（点火）开关以及高低压导线和插接器等组成。电动汽车能够正常行驶，须具备图 17-1 所示的六项条件。

17.1　不能行驶故障

当电动汽车出现不能行驶故障时，可分为图 17-2 所示的两种情况。

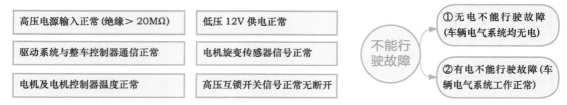

高压电源输入正常(绝缘 > 20MΩ)	低压 12V 供电正常
驱动系统与整车控制器通信正常	电机旋变传感器信号正常
电机及电机控制器温度正常	高压互锁开关信号正常无断开

不能行驶故障 → ① 无电不能行驶故障（车辆电气系统均无电）
② 有电不能行驶故障（车辆电气系统工作正常）

图 17-1　电动汽车驱动系统工作条件　　　　图 17-2　电动汽车不能行驶故障

17.1.1　无电不能行驶故障

1. 故障现象

打开电动汽车上电钥匙开关后仪表无显示，开启灯光也不亮，按喇叭不响，将变速杆至于 D 档或 R 档时，踩下加速踏板车辆不动作也无反应，这即可判断为无电不能行驶故障。

2. 故障检查

① 检查钥匙开关是否正确完整，拧动到运行位置。

② 检查车辆是否处于高压断电保护状态。

③ 检查 12V 低压蓄电池电源是否未连接。

④ 检查 12V 低压总熔断器是否熔断。

⑤ 检查整车控制器是否故障不工作。

⑥ 检查维修保养开关是否断开。

⑦ 检查高压互锁回路控制单元是否使自动断路器处于断开状态。

3. 故障排除

根据故障检查的顺序由简至繁，即①→③→④→⑥→⑤→②→⑦，依据故障检查的原因确定排除故障。

17.1.2　有电不能行驶故障

1. 故障现象

车辆低压电器系统、仪表显示等均工作正常，将变速杆至于 D 档或 R 档时，踩下加速踏板车辆不动作也无反应。

2. 故障检查

① 检查并确认高压动力蓄电池具体的电量。

② 若动力蓄电池无电应先充电，若有电则继续下一步检查。

③ 检查档位信号是否传至电机控制器。

④ 检查加速踏板信号是否传至控制器。

⑤ 根据控制器的故障报警分析判断故障，他励驱动电机控制器故障报警表见表 17-1。

⑥ 用诊断仪检查控制器的制动信号、加速踏板信号、电源电压和档位信号灯，以确认驱动电机控制器是否具有工作输出的条件。

3. 故障排除

根据故障检查的顺序由简至繁，依据故障检查的原因确定排除故障。

表 17-1　他励驱动电机控制器故障报警表

故障名称	编码	报警方式（鸣笛方式：长 3s 短 1s）	故障现象	故障处理办法
预充电故障	0001	一长两短	电机不运行	检查控制器有无明显损坏，或线路连接有无断开、接触不良
控制器过热故障	0002	一长四短	电机不运行	检查风扇是否正常工作，风道是否通畅
电池控制器 BMS 故障	0003	一长六短	电机不运行	检查动力蓄电池组或 BMS
驱动电机过热故障	0004	一长八短	电机不运行	增加驱动电机散热方式或停机冷却
动力蓄电池欠电压故障	0005	二长一短	电机不运行	对车辆动力蓄电池充电
动力蓄电池过电压故障	0006	二长三短	电机不运行	检查动力蓄电池是否正常，或临时关闭能量回收
加速踏板信号故障	0007	二长五短	电机不运行	检查加速踏板信号线路
电流采样电路故障	0008	长鸣	电机不运行	将控制器返厂维修

17.2　电机驱动系统故障

17.2.1　常见故障及排除

电动汽车驱动系统出现故障时，从仪表上显示的故障主要有：

① 驱动电机故障。

② 驱动电机过热故障。

③ 超速。

电动车辆仪表显示出现故障后需要通过诊断仪读取由整车控制器报出的具体故障，然后由维修人员进行相应的处理。驱动电机系统常见故障及排除方法见表 17-2。

17.2.2　驱动电机的更换拆装步骤

驱动电机的使用寿命较长，一般不需要更换。但在特殊情况下驱动电机损坏需要更换时，要按照电动汽车高压操作的规范进行。拆卸驱动电机的规范操作步骤如图 17-3 所示。

安装驱动电机时，先在台架连接固定好驱动电机和减速器总成，再与拆卸相反的顺序进行安装。电机总成安装后的检查如图 17-4 所示。

表 17-2　驱动电机常见故障及排除方法

序号	故障码	故障名称	故障可能原因	排除方法
1	P114017	电机控制器直流母线过电压故障	① 电机系统突然大功率充电 ② 高压回路突然非正常断开	测量分析整车电压数据，如果总线电压报文与实际电压不符，则需要检查高压供电回路、高压主继电器、高压插件有无异常
2	P113119 P113519 P113619 P113719	电机控制器相电流过电流故障	① 负载突然变化，旋变信号故障导致电流畸形变化。例如：动力蓄电池或主继电器频繁通断	检查高压回路，并处理故障
			② 控制器采集电压与实际电压不符	标定电压，重新编写控制器程序
			③ 控制器损坏（硬件）	更换控制器
3	P0A4400	电机超速故障	① 整车负载突然降低，电机转矩控制失效	断电后重新供电
			② 电机低电压信号端子松动或退针	检查信号线插头端子
			③ 控制器损坏（硬件）	更换控制器
4	P0A2F98	电机高温过热故障	① 电机低电压信号端子松动或退针	检查信号线插头端子
			② 冷却系统工作异常	检查冷却液是否充足，水泵是否正常工作，冷却管路是否堵塞
			③ 电机本体损坏（长时间过载）	更换电机
5	P117F98 P117098 P117198 P117298	电机控制器高温过热故障	① 低电压信号端子松动或退针 ② 冷却散热异常 ③ IGBT 件损坏	重新插接处理信号线插头端子或更换电机控制器
6	U300316	电机控制器低压电源欠电压故障	① 12V 蓄电池电压过低 ② 35pin 线束原因导致控制器低压接口电压过低	① 检查蓄电池电压，给蓄电池充电 ② 检查控制器低压接口，测量 35pin 插件端子 1 和端子 24，电压是否低于 9V
7	U010087	与整车控制器通信丢失	① 线束问题 ② 网络干扰严重 ③ 未收到整车控制器信号	① 检查测量 35pin 线束连接是否正常 ② 检查处理网络通信是否正常 ③ 更换电机控制器
8	P0A0A94	电机系统高压暴露故障	① 电机控制器电源模块硬件损坏 ② 软硬件不匹配 ③ 网络上有部件报出高低压互锁故障	刷新程序或更换电机控制器
9		电机异响（噪声）	① 电磁噪声（高频尖锐） ② 机械噪声	电磁噪声为正常，机械噪声可检查各运转轴承等部件

①关闭所有的用电器,将上电钥匙关闭至 OFF 档后取下妥善保管
②断开低压蓄电池的负极搭铁线
③打开散热器盖
④将车辆在举升机上举起(须检查举升机的最大举升重量是否允许举升所维修的电动汽车)
⑤拆下机舱防护板
⑥断开驱动电机的冷却管路,并释放冷却液
⑦拆下驱动电机上的低压线束和高压线束接头
⑧拆开驱动半轴与电机减速器等的连接
⑨准备好举升台架托起电机
⑩拆卸驱动电机的悬架螺栓
⑪拆卸完电机螺栓后,下降台架从车辆下方取出电机和减速器总成

① 各高压部件的绝缘是否更换良好

② 各线缆所有连接电源的电压等级和正负极性是否正确

③ 各电器插接器连接是否到位,插口是否拧紧或锁紧

④ 各机械部件安装是否牢固可靠

⑤ 冷却管路是否安装紧固,加液检查是否有滴漏

⑥ 检查电机空转、驱动加速和制动馈电回收是否正常,有无异响

图 17-3　拆卸驱动电机的操作步骤　　　　图 17-4　驱动电机安装完成后的检查

17.3　无法驱动行驶故障

电动汽车是在传统燃油汽车车身和底盘的基础上增加高压电源系统、电机驱动及控制系统、车载充电及电池管理系统、整车控制器和高低电压变换器等电器元件。电动汽车电气系统结构如图 17-5 所示。电动汽车常见的无法驱动故障的主要原因之一是主接触器未闭合,导致动力蓄电池高压电无法接入驱动电机控制器模块,无法控制电机运行导致车辆无法驱动。

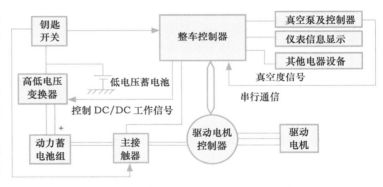

图 17-5　电动汽车电气系统结构框图

17.3.1　东风微客电动客车运行中"熄火"故障

一电动微型客车是以某东风汽油版微型客车为基础设计开发的,用永磁同步电机和电机控制器(MCU)来取代原来的汽油机,用锂离子动力蓄电池和 BMS 取代原来的燃油箱;还增加了整车控制器(VCU)、高低压直流变换器和车载充电机等部件。VCU、MCU 和 BMS 都通入 12V 常电,三大控制器通过 CAN 总线实现相互通信,停车时处于休眠模式。当车钥匙拧到 ON 档接通时,三大控制器都会得到 12V 的电压信号被激活,进入正常工作模式:首先开始预充电,预充电结束后动力蓄电池的高压电加到 MCU 上;至此整车准备就绪,将变速杆置于 D 档或 R 档,松开驻车制动手柄,踩下加速踏板车辆就可以行驶了。

1.故障现象

在电量充足的情况下动力不足,车速变慢,行驶中"熄火",反复踩加速踏板车辆无反应,只得缓慢滑行直至靠路边停车。

2.故障分析

为了能快速排除故障，根据故障规律，首先检查在电机控制器内的主接触器，如图 17-6 所示。发现在通断电时听到有触点吸合的声音，但仍不能驱动，拆开控制器检查内部的接触器，外观检查没有发现任何问题。凭经验还是更换了该直流接触器，更换后试车行车良好故障排除。

3.故障总结

该车是由于典型的直流接触器触点接触不良导致的故障。由于接触器在控制器内部，触点又在接触器内部，不易观察判断，又因为是通过的高压大电流，也不易测量。故常用替换验证方法处理该故障。

图 17-6　控制器内直流接触器实物图

17.3.2　江淮同悦电动汽车无法行驶故障

安徽江淮 2012 年款二代电动汽车 IEV2 搭载额定功率为 11kW 的永磁直流无刷电机，累计行驶 20145km。其动力蓄电池组为磷酸铁锂动力蓄电池，额定电压为 320V，总能量为 15.2kW·h。

1.故障现象

该车起步时仪表盘上的"READY"灯点亮，挂前进档时仪表盘上能显示 D，挂倒档时仪表盘上也能显示 R，但踩动加速踏板车辆不动无行车反应。

2.故障分析

此车仪表盘上液晶显示屏能够显示 6 位数字，通过这 6 位数字故障码可读取车辆的电机状态、加速踏板开度、充电机 CAN 总线通信状态和车辆故障信息。拧动钥匙开关至 ON 档，随后将变速杆置于 D 档，按压仪表盘上的复位杆保持 5s 以上，仪表盘即显示故障码信息 120000。查阅故障信息见表 17-3。

表 17-3　江淮同悦电动汽车仪表盘显示的故障码信息对应表

首位代码及含义	第二位代码及含义	第三位代码及含义	第四位代码及含义	第五位代码及含义	第六位代码及含义
电机运行状态	电机工作状态	加速踏板开度电压信号	充电机 CAN 总线状态	电机及电池故障码	
1：运行	1：牵引	0：0.75~0.8V 1：0.8~1.275V 2：1.275~1.5V	0：故障或无通信	00：正常 02：电机 UVW 故障 03：电机通信故障	
2：停止	2：制动	3：1.5~1.85V 4：1.85~2.25V 5：2.25~2.65V 6：2.65~3.00V 7：3.00~3.75V 8：3.75~4.25V 9：4.25~4.5V C：溢出范围	1：正常	04：电机母线过电压 05：电机母线欠电压 06：电机控制器过温 07：电机过温 08：电机短路过流 09：电池严重故障 10：电池一般故障	

故障码 120000 信息为：电机运行状态为 1 正常；电机工作状态为 2 制动；第三位加速踏板开度为 0，低电压 0.75~0.8V；第四位充电机 CAN 总线通信为 0，故障无通信；第五位和第六位为 00，表示电机及电池故障信息正常。由此可知此车驱动电机、控制器和动力蓄电池均没有故障。由于该车处于工作状态是不能连接充电机充电的，充电机 CAN 总线无通信也为正常。踩下加速踏板，第 3 位数字随加速踏板开度增大而变化，说明加速踏板传感器工作正常。至此以上故障码显示为正常信息没有故障，而该车却依然不能行驶。

3. 故障检查排除

经分析造成车辆不能行驶的故障还有档位开关信号、充电机工作信号、电机位置传感器、制动踏板开关信号、整车控制器和电机控制器。下面只能使用排除法一一排除了。

① 排除充电机工作信号故障，因为在故障码显示中为 0，无通信，正常，此时也没有连接充电机。

② 排除档位开关信号，因为此车在挂前进档和倒车档时，在仪表盘的显示屏上能正常地显示 D 和 R。

③ 检查制动踏板开关信号，发现制动踏板开关上的橡胶套损坏。更换制动踏板开关后故障排除。

之前若注意到故障码第二位为数字 2，电机工作状态"制动"，也许会少走弯路，快速排除故障。

17.3.3 江淮同悦 IEV2 无倒档故障

安徽江淮 2012 年款二代电动汽车 IEV2 搭载额定功率为 11kW 的永磁直流无刷电机，累计行驶 5145km。其动力蓄电池组为磷酸铁锂动力蓄电池，额定电压为 320V，电池组容量为 50A·h，总能量为 15.2kW·h。

1. 故障现象

该车挂前进 D 档时能正常前进行驶，仪表盘上的档位信息也有字母 D 的显示，但当挂倒档时车辆不能后倒，仪表上也无倒档字母 R 的显示。当接通钥匙开关后，仪表显示屏依次显示车辆累计里程、小计里程、电量指示、高压总电压、高压总电流以及电机状态功率和故障信息等，如图 17-7 所示。

图 17-7 同悦电动汽车仪表显示

2. 故障分析

长按压仪表盘上的复位杆保持 5s 以上，此车仪表显示屏上显示有 6 位数字的故障码，但故障码的含义表没带在身边，车辆说明书上也没有，不知道其含义内容，因此不能靠读取故障码分析故障。根据该车的故障现象分析此车档位开关信号的控制原理，如图 17-8 所示。由图中可知只有当电机位置信息、加速

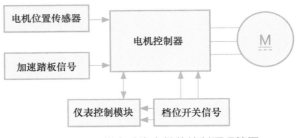

图 17-8 同悦电动汽车档位控制原理简图

踏板信息、仪表控制显示模块信息和档位信息，这4个信号同时满足的情况下电机控制器才能控制电机运转。因为该车前进D档能正常行车使用，可以排除驱动电机、控制器、电机位置传感器、仪表控制显示有故障损坏的可能。现在只需检查档位开关信号和电机控制器之间的线路故障。

3. 故障检查排除

接通钥匙开关信号，测量档位开关对电机控制器的输入信号，前进D档时为1V；倒退R档时为0.049V，R档过电压，控制器不能识别，所以仪表不显示，控制器也不能使倒档运行。更换档位开关信号总成，试车故障排除。

4. 故障总结

该车档位传感器开关信号采用的是线控技术，在档位和电机控制器、仪表之间传递的是数字信号，见表17-4。当电机控制器和仪表控制模块接收到的信号电压过低时，控制器会将此信号作为低电平处理，输出的电机信号为空档时的状态信号。因此不能倒车行驶。

表 17-4　档位开关信号输出的 3 种状态及所对应的数据

档位	档位信号电压（D 线 /R 线）	仪表控制模块	电机控制模块	电机运转状态
N	D：0V；R：0V	00	00	不转
D	D：1V；R：0V	10	10	正转
R	D：0V；R：1V	01	01	反转

17.3.4　档位错乱故障

一电动大客车出现故障。该车采用集中式控制，配置 55kW 三相变频调速驱动电机，该驱动电机采用星形接法，用冷却液冷却，已行驶 35 万 km 以上。

1. 故障现象

该电动大客车因电机损坏更换后出现挂前进档时则倒车行驶，挂倒车档则前进行驶的档位错乱现象。一开始认为是一简单故障，只要将驱动电机上的 UVW 这 3 根线任意两根挑换就可以解决问题了，但经过多次调换（为防止出错认真记录调换每一次的接线），均失败了，其结果是要么不走车，要么仍旧是档位错乱，就是不能排除该车前进和后倒档位错乱的故障。

2. 故障分析

一般认为普通三相电机只要将 3 根相线的任意两根调换，就可改变电机的旋转方向。该车虽然装的是变频电动机，但原理是一样的。从变频器输出的 UVW 三根导线与电机上的 UVW 三相接线端子相连接，在不知道端子名称的情况下，理论上要接 6 次才能接正确。我们认认真真记录连接了 6 次但仍然不正确，不能排除故障。看来是理论不对，没有真正的了解该车电机的驱动原理。

查阅相关资料，发现该车的驱动电机控制电路原理如图 17-9 所示，对照此图分析如下：

（1）驱动电机控制原理

当将变速杆置于前进 D 档或后倒 R 档时，控制器 CPU226 模块收到档位的逻辑信号后输出 24V 的高电位信号，到 PLC 板中经电阻 R 限流后送入 PC 光耦元件的触发极，光耦 C、E 极饱和导通，通过 PCN10/5 针脚将程控板 FWD 端子的 20V 高电位转换为 0.3V 的低电位，程控板即进入工作待命状态。程控版 FWD 端子的这个 0.3V 低电位信号称为程控板的工作信号。

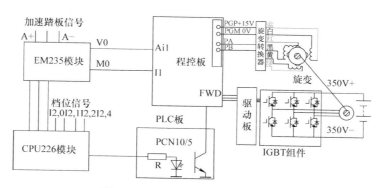

图 17-9　驱动电机控制电路原理图

　　将变速杆挂入前进 D 档或倒车 R 档且踩下加速踏板时，加速信号通过 A+、A− 端子输入 EM235 模块。EM235 模块将此加速踏板模拟信号转换成数字信号后，通过排线输入 CPU226 模块。CPU226 模块将采集到的加速踏板信号和档位信号经处理后，再通过排线将数字动力信号输送至 EM235 模块。EM235 模块将此信号经数模转换后从 V0、M0 输出模拟动力信号至程控板的 Ai1 和 I1 端子。进入工作待命状态的程控板此时输出驱动信号至驱动板，驱动板触发 IGBT 组件。IGBT 组件将单相直流电逆变成三相交流电，为驱动电机提供动力电源，使驱动电机开始旋转。

　　在电机旋转的瞬间测量驱动电机转速的旋转变压器（图 17-10），在驱动电机输出轴的驱动下产生旋变信号，输送至旋变转换器，通过旋变转换器内的 A/D 转换器转换成数字信号输送至程控板。程控板接收到正确的旋变信号后，继续输出驱动信号至后级电路，后级电路继续工作，实现电机的连续运转驱动汽车行驶。程控板对驱动电机的控制，在旋变传感器的检测与旋变转换器的转换与反馈作用下是一个闭环的控制过程，其闭环控制回路如图 17-10 所示。

　　（2）旋转变压器（简称旋变）的结构

　　旋变装于驱动电机的输出轴上，其转子部分随驱动电机的输出轴一起转动。定子绕组由 3 组线圈组成，其中红、黑色引出线的一组为励磁绕组，阻值为 16Ω。还有两个信号绕组：蓝、白色引出线的一组为信号绕组；黄、绿色引出线的一组也为信号绕组。这两个信号绕组的阻值均为 32Ω。两个信号绕组的电气角度相差 90°，分别输出频率、幅值相同，但相位角相差 90° 的正弦和余弦两个交流信号。

　　（3）旋变的作用

　　在旋变的励磁绕组上施加电压，转子旋转后，两个信号绕组产生相位差 90° 的旋变信号，其频率与电机的转速成正比，经旋变转换器转换成图 17-11 所示的 A、B 两种数字信号。这两种数字信号等幅、等频、等宽，全部输入程控板的 PA、PB 端子。

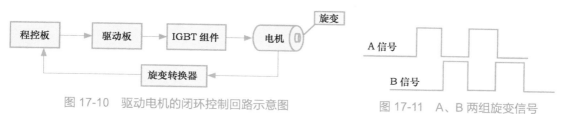

图 17-10　驱动电机的闭环控制回路示意图　　　　图 17-11　A、B 两组旋变信号

车载主变频器利用其中一个信号作为电机输出轴的转速信号，在车载显示屏上显示电机转速，并将此信号换算成车速信号输送至仪表盘。仪表盘利用此信号显示车速并计算出里程信息。同时，程控板将这两个信号作为电机在旋转的确认信号。另外，程控板将 A、B 信号的初相角作为比较，以确认哪个超前、哪个滞后。若 A 信号超前 B 信号 90°，则认为电机在正转；若 A 信号滞后 B 信号 90°，则认为电机在反转。这就是旋变信号作为驱动电机正反转识别信号的原理。

由以上分析得出该电动大客车行驶，必须具备以下 3 个条件的结论：

① CPU 能正常地输出工作信号和动力信号。

② 程控板能输出驱动信号及后级电路正常工作。

③ 旋变信号及其反馈电路工作正常。

3. 故障诊断

根据以上分析，该车能行走的 3 个条件均具备，所不正常的是 D 档和 R 档错乱。首先怀疑是档位电路故障，将变速杆分别拨入 D 档和 R 档，查看车载显示屏，结果显示档位与挂入的档位一致，没有出现错乱现象，这说明档位电路正常。为了验证档位电路是否确实正常，还可进行检测档位电路的逻辑符号，其逻辑信号见表 17-5，其检测点见图 17-9 驱动电机控制电路原理图 "档位信号" I2.0、I2.1、I2.2、I2.4 四个端子。

表 17-5　档位逻辑信号

	I2.0	I2.1	I2.2	I2.4	I2.8
	A24（棕）	A34（橙）	A35（黄）	B6（绿）	36（蓝）
N	1	0	0	1	
D	0	1	0	1	
L	0	1	1	0	
R	1	1	0	0	1

注：1 表示 24V；0 表示 0V。

在 CPU 档位信号输入正常，显示屏显示档位正常，这说明车载控制器信号采集、信号处理和信号输出均正常。但 D 档和 R 档却错乱导致车辆在此情况下不能行驶，可以确定不正常的是车载控制器的输出信号执行元件与反馈元件。对于车载控制器来说，其输出信号的执行元件是驱动电机，反馈元件是旋变和旋变转换器。由于该车进厂维修更换的正是驱动电机，旋变装在驱动电机的输出轴上，在换电机时旋变被一起换掉。至此问题基本可以确定为电机、旋变或旋变转换器上。

对驱动电机来说，与普通的三相异步电机原理一样，旋转方向是由 3 条相线和三相电源线的连接顺序来决定的。驱动电机现在能正反转，说明电机本体无问题，问题出在旋变和旋变转换器上。但如果旋变或旋变转换器有问题，程控板收不到电机的反馈信号，车辆就不能行驶。旋变转换器至车载控制器的线路在本次维修过程中未涉及过，也未拆动过。所以，问题一定出在旋变或旋变转换器的线路上。询问修理工旋变的接线方法得知，修理工是按照上图所示的导线颜色接线的，而且以前一直就是这么接的，唯独这一次出了问题。由此怀疑这个旋变在出厂时将 A、B 两相的颜色弄错了。以前我们遇到过，DC/DC 变换器输出端正、负极导线颜色出厂时颠倒弄错造成严重故障的例子。

在驱动电机相线接线正确而 A、B 两相旋变信号线接反的情况下，挂 D 档踩加速踏板时，驱动电机会有很微小角度的正转。但旋变在这微小角度的正转下产生的反馈信号是 B 相超前 A 相 90°（即反向了）。程控板得到的是反转信号与输出指令不符，故切断了驱动信号，所以电机不运行车辆不走车；这与挂 R 档不走车的原理也一样。通常情况下车辆不走，修理工大都知道是相线接错了，调换相线就能解决问题。但在驱动电机相线接线正确，而 A、B 两相线旋变信号接反的情况下，调换相线后挂入 D 档时，电机相应地由正转变为反转，但此时的旋变信号反接。旋变反馈信号 A 相超前 B 相 90°，程控板误认为电机是在正转，也符合 D 档正转的输出指令。固程控板继续输出驱动信号至后级电路，电机实现连续反转使车辆起步后退，使前进档变成了倒档运行。同理，挂入 R 档时，电机虽然在正转但旋变信号 B 相超前 A 相 90°，程控板认为 R 档时 B 相超前 A 相是对的，故继续输出驱动信号，电机继续正向运转，车辆起步前进。

这就是上面驱动电机控制电路原理图中 PA、PB 两旋变信号接反后，车辆要么不走，要么前进和后倒档位错乱颠倒的原因。在此处也说明电机的正反转是人们根据习惯设定的，D 档、R 档也是人为定义的，维修方案是恢复原来的设计。

4. 故障排除

为了验证上述的原理分析和怀疑是否正确，决定对电路进行改动。旋变电路导线端子改动示意图如图 17-12 所示。

车辆发生档位错乱，调换驱动电机的 U 和 W 相线，其目的是让驱动电机在 D 档时正转；同时，调换程控板上的旋变信号线 PA 和 PB，其目的是将旋变在正转时 A 相超前 90° 的信号输入程控板。做好上述调换后装复试车，故障排除。这证明上述的原理分析、故障假设和验证操作是正确的。

图 17-12 旋变电路端子改动图

5. 故障总结

因为旋变转换器输出的 A、B 两相的信号线仅凭万用表根本无法判断，故在出厂时用颜色将其定义，方便操作者使用以免出错。DC/DC 变换器输出正负极两根线，能用万用表判断，也用红、黑（蓝）色导线明确分出，以提高装配工作的效率。本次故障的根本原因就是该旋变出厂时将 A、B 两相的颜色颠倒配错，导致按颜色接线后，车辆前进 D 档和后退倒车 R 档出现错乱。又由于修理工对驱动电机的闭环控制不理解不明白，造成只知道调换相线，不知道调换旋变信号线的误区，使维修陷入困境僵局。经过这次故障诊断、原理分析和故障排除可知，维修前须对控制系统原理有深入的详细的理解。只有真明白原理，才能干好工作，解决问题。

18.1　绝缘故障检查方法

电动汽车是以动力蓄电池储存能量来驱动车辆运行的，其输出的电压大部分为DC60~600V，随着技术的发展将来可能更高。根据 GB 3805—2008《安全电压》的要求，在一般环境下允许人体持续接触的"安全特低电压"是 DC36V，电动汽车动力蓄电池的输出电压区间已远远超过了该安全电压，如图 18-1 所示。因此电动汽车安全标准对人员的触电防护提出了明确的要求，其中包括对绝缘电阻值的最低要求。

图 18-1　电动汽车电压与人体安全电压对比

根据国标 GB/T 18384.3—2015《电动汽车　安全要求　第3部分：人员》第 6.2.2 条的规定，动力系统的测量阶段最小瞬间绝缘电阻为 0.5kΩ/V。各整车厂开发的电动汽车，则根据各自设定的电压等级来确定动力系统的绝缘电阻报警阀值。东风御风电动轻型客车的动力系统的绝缘故障是以仪表及上位机的报警来实现监测的。依据系统电池电压，该车型最低报警绝缘电阻值定位为 500kΩ。下面介绍其绝缘故障具体的排查方法和步骤。

18.1.1　绝缘报警初步检查

高压报警故障的种类和故障部件表现多种多样，可根据以下步骤进行初步检查：

① 若车辆的仪表能正常显示，并正确反映是否有故障，则说明 BMS 绝缘监测系统本身无故障工作正常。

② 若车辆仪表显示绝缘无连接（也有对应的故障码），此时应该检查低压控制线路是否正确或可靠连接；若无低压连接线路问题，则需要检查排除 CAN 总线的通信故障，检查终端电阻阻值是否正常，并联测量正常值应该是 60Ω，拆开单独一端测量应是 120Ω。若阻值低会消弱信号，造成通信不正常。

③ 电动车辆高压系统一般装有电动汽车绝缘监测仪（图 18-2）。当车辆有绝缘系统故障时，会点亮仪表故障灯进行报警，以表明车辆高压回路、高压部件出现了绝缘电阻过低的情况。由于该绝缘监测系统无法对

图 18-2　电动汽车绝缘监测仪

绝缘故障点进行定位，这时需要使用绝缘电阻检测仪（俗称兆欧表）对高压系统部件进行逐步的人工排查。

　　绝缘监测仪的原理是当测得绝缘电阻值为 62~307kΩ 时，高压绝缘监测总成判定为高压绝缘二级报警，并将报警值上报给整车控制器，整车控制器使仪表绝缘报警灯点亮变为红色。二级报警期间在整车断电（熄火）后仍可以在上电（点火），整车控制器不做记录。当测得绝缘电阻值 ≤ 62kΩ 时，高压绝缘监测系统判定高压绝缘为一级报警，将报警值上报给整车控制器，整车控制器使仪表绝缘报警灯点亮，同时整车断电（熄火）后无法上电（点火），整车控制器记录故障报警信息。

18.1.2　高压系统绝缘故障排查方法

　　电动汽车高压系统回路构成示意图如图 18-3 所示。

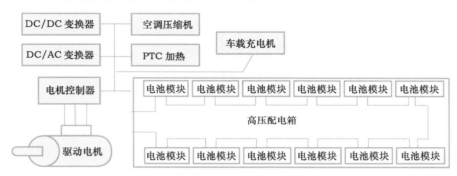

图 18-3　电动汽车高压系统回路示意图

　　高压系统回路由驱动电机系统、安装电池组的高压配电箱、车载充电机、DC/DC 变换器、DC/AC 变换器、空调压缩机和 PTC 加热器等组成。安装电池组的高压配电箱一般安装在汽车中后底部。图 18-4 中所有粗线条代表的高压电连接所致的部件，均有超过人体安全电压的高压电，维修作业时要严格按照电动汽车维修作业的操作步骤进行，如图 16-25 所示。

　　高压系统绝缘故障排查方法如图 18-4 所示。

① 将车辆放置到合适的举升机或地沟上

② 断开车辆的维修开关或直流接触器，等待 10min 以上

③ 拔掉电源分配盒连接高压配电箱的高压线束插接件，此时高压回路被分成了前后两部分。前部为安装于车辆前舱的驱动电机控制器、DC/DC 变换器、DC/AC 变换器，PTC 加热器和空调压缩机；中后部安装动力蓄电池组和车载充电机

④ 分别用绝缘表检查前后两部分总高压线正、负对底盘的绝缘阻值。如果前部的绝缘阻值低于报警电阻阀值，则说明故障在前部高压部件内。需逐一断开前部驱动电机及控制器、DC/DC 变换器等各高压部件，继续测量检查高压部件的绝缘值直至确认到具体元件

⑤ 如果后部的绝缘值低于报警电阻值，则说明故障在后部充电机或高压动力蓄电池组上，须再继续断开充电机或高压电池各组部分逐一检测，直至确认到具体元件

⑥ 如果拔掉某个负载元件总正或总负后，底盘的绝缘阻值提升了或恢复正常了，则说明该刚拔掉的元件绝缘有故障

图 18-4　高压系统绝缘故障排查步骤

18.2 漏电故障两例

【例1】 电动汽车发生碰撞事故后极易造成动力蓄电池组破损、变形、漏电和短路产生电弧，甚至爆炸燃烧，其绝缘安全尤为重要，发现这方面的问题必须及时处理。例如某款2017年6月出厂的电动出租车已行驶2万多km，近期洗车或雨天发现有漏电故障，无仪表报警信息。

1. 故障现象

该电动汽车购置一年多来主要用作出租运行，已行驶23000km。驾驶人感受冬天行驶里程太短只有100多km，最近洗车时有明显的触电感。

2. 故障检查

为了能快速排除故障，应根据高压系统绝缘故障排查步骤进行。

① 使故障再现，验证故障确实存在。

② 将车辆行驶到举升机，关闭钥匙开关、拆下低压蓄电池的负极搭铁线。

③ 戴好绝缘手套，断开车辆的维修开关等待10min后，拔掉电源分配盒连接高压配电箱的高压线束插接件。

④ 用电动汽车绝缘监测仪分别检查前后两部分总高压线正、负对底盘、车身的绝缘阻值。发现后部分高压系统元件（动力蓄电池和充电机）正常，前部分报警，随即断开DC/DC变换器，仍有报警信息，断开驱动电机控制器也有报警信息，断开空调压缩机后，报警信息消失。

3. 故障排除

该车的空调压缩机属于高压系统部件，当检查断开后绝缘报警信息消失，由此即可判定为该空调压缩机（压缩机与控制器为一体机）故障。对压缩机控制器进一步检查，发现控制器在喷雾潮湿环境绝缘值只有103kΩ，远低于500kΩ的标准值。随即对空调压缩机进行更换，漏电故障排除。

【例2】 插电式混合动力汽车（Plug-in Hybrid Electric Vehicle，PHEV）是指由电机和燃油发动机联合驱动的车辆。车辆的行驶功率依据实际的车辆行驶状态由某个驱动系统单独驱动或两者联合共同驱动。该类型车辆电池容量较大，可以外接电网充电后以纯电动模式行驶；在不方便充电的场合以燃油发动机提供的动力模式行驶，还可适时向动力蓄电池充电。插电式混合动力汽车是在目前纯电动汽车续驶里程较短模式下的产物。

1. 故障现象

一插电式混合动力客车安装某绝缘检测仪，用于监测整车高压系统对搭铁的绝缘性。在今年夏天一场大雨过后车辆仪表不定时报出绝缘检测一级报警，在仪表中读出的绝缘值低于报警阀值62kΩ，检测的最低绝缘值为27kΩ。

2. 故障分析

该插电式混合动力客车的高压绝缘监测系统总成的主要参数：输入高压电压是DC0~800V，低压电压为DC18~32V，功率≤2W，测量绝缘电阻为0~50MΩ，绝缘电阻测量误差为±10kΩ，测量响应时间≤20s，数据更新周期为1s。绝缘检测仪的报警状态分为4种：正常、一级报警、二级报警和无效值。该车辆设定的报警阀值一级是62kΩ，二级是307kΩ。

3. 故障检查

按高压系统绝缘故障排查步骤方法对该车进行故障排查，因该车较重，将车辆移到合适的地沟上，对车辆底部的高压部件进行操作检查。操作前应按规定佩戴好防护用品，检查工具的绝缘性。实施检查的方法是断开法，即将高压部件逐一断开与高压系统的连接后，查看绝缘报警值的变化。具体过程如下：

① 断开高压总线正、负的直流接触器，测量绝缘值前部为 31kΩ，后部为 2760kΩ，这说明问题在前部高压部件中。

② 断开驱动电机控制器，绝缘阻值上升了 0.5kΩ，成为 31.5kΩ，这说明故障点不在该控制器。

③ 再断开空调压缩机，绝缘值上升了 15kΩ，变成 46.5kΩ，再断开 PTC 加热器，阻值没有变化。

④ 断开 DC/DC 变换器，绝缘值上升了 6.3MΩ，看来问题就出在这里了。打开 DC/DC 变换器高压导线连接缘端子，发现密封圈损坏，如图 18-5 所示，内部有潮气进入导致其绝缘阻值降低，使系统报警。

4. 故障排除

更换 DC/DC 变换器的高压导线连接端子后，绝缘阻值上升到 6MΩ 以上，虽然还是略低，但已将故障排除，绝缘控制系统不再报警。

5. 故障总结

该插电式混合动力电动汽车高压线束采用的是航空插接件即航空插头，这类插接件

图 18-5　DC/DC 变换器连接端子密封圈损坏实物图

因早起应用在飞机等航空领域而得名，如今在军事武器装备、航空航天和航海等领域的线路连接上广泛使用。航空插接件由固定端插座和自由端插头两部分组成，固定端插座通过方形（或圆形）结构固定在高压用电器件上，自由端插头一般连接高压线缆，并通过螺母实现与固定端的连接。如果自由端螺母旋得过紧或两者之间橡胶密封圈位置不当，就会遭到破坏使其破裂，进而造成阴雨天气的潮气入侵，影响其绝缘性能引发故障报警。

参考文献

［1］洪永福，等.汽车开发工程［M］.北京：机械工业出版社，2015.

［2］何洪文，熊瑞，等.电动汽车原理与构造［M］.2 版.北京：机械工业出版社，2018.

［3］敖东光，宫英伟，陈荣梅，等.电动汽车结构原理与检修［M］.北京：机械工业出版社，2017.

［4］高建平，郗建国，等.新能源汽车概论［M］.北京：机械工业出版社，2018.

［5］李高林，黄舞浩，邹圣星，等.电动汽车紧急维修开关的研究［J］.汽车电器，2013（12）：49-50.

［6］缑庆伟，李卓，等.新能源汽车原理与检修［M］.北京：机械工业出版社，2018.